泣いても病んでも、
絶対幸せになれる!

彼の大切な人になって 一生両想い

Your love will come true.

カウンセラー 小林さき

Presented by
Saki Kobayashi

KADOKAWA

はじめに

「恋をすると気持ちが不安定になってしまう」

「『面倒くさい女だな』と好きな人に言われたことがある」

「どうしても忘れられない彼がいる」

恋にまつわる悩みはつきません。


はじめまして、カウンセラーの小林さきといいます。これまで、約5000人の女性の恋と人生を応援してきました。

恋をすると情緒不安定になって、泣いたり、怒ったり、凹んだり、病んだりと、ちょっと面倒くさい女の子になってしまう……。こんな、メンヘラを自称する「こじらせ女子」の相談に、私はこれまでたくさんのってきました。

「メンヘラ」という言葉のちょっとマイナスなイメージとは対照的に、彼女たちはみな優しくて思いやりのある人ばかり。自分のことを後回しにしてでも人のために尽くす、まじめな頑張り屋さんでした。

どうしてそんな素敵な人の恋や人生がうまくいかないのでしょうか？

その答えに私は思い当たることがありました。

実は、私自身が過去に重度のメンヘラだったのです。

暴走する感情のせいで恋愛はうまくいかず、とうとう最愛の彼にも「好きな人ができた」と振られてしまいました。

しかし、私は変わりました。全然うまくいかない恋と人生に嫌気がさして「もう、メンヘラをやめたい」と心の底から思ったからです。

どうしても彼のことが忘れられず、私はありとあらゆる方法を試しました。そしてたどり着いたのが、この本でお伝えする「ある方法」でした。

別れから1年後、私は見事、彼と復縁。その後プロポーズされて結婚し、3年経った今も毎日大切にされて、幸せに暮らしています。

「別に私はメンヘラじゃないなー」と思ったかたもいらっしゃるかもしれません。

しかし、この方法は真剣に恋に悩んでいる人にならば誰にでも効果があります。

気持ちが安定し、毎日が楽しくなり、彼と幸せな関係を築けるようになるのです。

この方法を試した人からは、

「復縁したい彼と8カ月ぶりに再会し、結婚の話をされた！　次のデートもすぐに決まった」

「LINEブロックされていた彼から、会わないかって連絡がきた！」

「『今の私なら復縁でも新しい人とでも幸せになれる』と思っていたら、3週間後に彼氏ができた！」

「以前は3日に1度は彼氏と喧嘩をしていたのに、ほぼしなくなった！」

など、うれしい報告をたくさんもらっています。

PROLOGUEでは、重度のメンヘラ状態から最愛の彼と復縁し結婚を叶えた私の経験談をお話しします。

CHAPTER1では、恋するとメンタルが乱高下してしまう謎について解説します。

CHAPTER2では、そのままのあなたで幸せになるために必要な「大前提」をお伝えします。

CHAPTER3では、まずは1週間試してほしい「ある方法」についてお話しします。1日3分でできる簡単な方法です。

CHAPTER4では、あなたと最愛の彼がこれからも一生両想いでいるためのコミュニケーションについてお伝えします。

恋をしたら気持ちが揺れるのは当然。
人間なら不安になったり悲しくなったりするのも当然。
泣いてもいいいし、病んだっていい。
「そのままのあなた」で愛されて、一生幸せになりましょう！

目次

PROLOGUE

メンヘラだった私が叶えた復縁とプロポーズ

CHAPTER

1

恋と人生がうまくいかない理由

～恋をしたら情緒不安定。どうすればいいの？～

CHAPTER
2

そのままのあなたで最高の恋と人生を手に入れる

～未来はあなたが「思った通り」～

CHAPTER

3

自分と仲直りすれば毎日が幸せいっぱい！

～１日３分でできる「自分集中タイム」～

CHAPTER 4

ずるいくらい愛されて毎日がうまくいく魔法のコミュニケーション

~彼と一生両想いでいるための10のレッスン~

デザイン　chichols
校正　文字工房燦光
DTP　アーティザンカンパニー
編集協力　村上杏菜
編集　金城麻紀

PROLOGUE

メンヘラだった私が叶えた復縁とプロポーズ

重度のメンヘラだった私が、メンヘラのままで幸せになれた

「そんなにメンヘラで、よく結婚できましたね。しかも、とっても幸せそう」

私はよく、こう言われます。

恋すると誰しも気持ちが不安定になるものですが、私のメンヘラ具合はなかなかの重症でした。

そんな私がどんなふうに大好きな彼との復縁を叶え、結婚までたどり着いたのか。

ご挨拶がわりに少しお話しさせてください。

最愛の彼（現在の夫）と初めて出会ったとき、彼はヒョウ柄のシャツに先の尖った靴を履いていて、ホストみたいな見た目でした。

「なんであんな人がここに？」が第一印象。

というのも、私たちが出会った場所は公務員になるための予備校。自分に自信がなく、うまくいかない人生を就職で挽回しようとしていた私は、就職活動を控えた高3のとき、公務員試験対策の予備校に通っていたのです。世間で「安定」「安泰」と言われる公務員になれば自分の価値を感じられると思い込んでいました。

この頃の私はすでに重度のメンヘラでした。

中学生くらいの時期から両親の仲が悪くなり、家庭に私の居場所はなくなっていました。かたや、学校でも部活内でいじめの標的にされ、私の心はどんどん荒《すさ》んでいったのです。

ストレスのあまり髪の毛を自分で抜き続け、頭には手の平のサイズ以上のハゲができていました（抜毛症といいます）。高校にはウィッグをかぶって登校していましたが、しょっちゅう休んでいました。パニック障害を発症した時期もありました（今はすっかり元気です！）。

そんな「メンヘラちゃん」の私に明るく話しかけてきたのが予備校の彼だったので

す。なぜか私のことを気に入ってくれ、彼のほうからアプローチしてきたのでした。

「私、メンヘラだよ。それでも大丈夫？」

後からがっかりされるのが嫌で、私は早めにカミングアウトをしました。

それでも気にせず明るく話しかけてくれる彼に、私は少しずつ心を開いていったのです。

しかし、ここからが波乱の日々でした。

メンヘラちゃんとくっつく男はたいていメンヘラです。彼も例外ではなくメンヘラで、女の子にモテることで自信のなさを補おうとしているところがありました。平たくいえば浮気性です。

あれほど優しく、あれほど積極的に口説いてきたくせに、彼は平気で何度も浮気をしました。「お前といるとイライラする」「うるせぇ、帰れ。一生、目の前に現れるな」と暴言を吐いたり、私が嫌がることをしたり……。そのたびに私たちは大喧嘩して、幸せとは言いがたい関係を続けていました。

彼が出かけるといえば「女のところでしょ！」と私はブチ切れ、彼と約束もしていないのに勝手に家まで行ってインターホンを何百回も鳴らし続けたり、呆れた彼が家に入れてくれると今度は号泣して「ごめんなさいいいいい」とすがったりしました。何百回も連続で電話をかけ続けて彼がスマートフォンを使えないようにしたり、LINEの返事がこないと何百個もスタンプを連打したりもしていました。とんだメンヘラです。

堪忍袋の緒が切れた彼は、「好きな人ができた」と私に別れを突きつけました。しかも、その彼女とは結婚まで考えているというのです。

その時点で私と彼はすでに11年付き合っていました。私は30歳になったタイミングで、11年付き合っていた本命の彼に振られてしまったのです。

その後も私が順調にメンヘラ行為を繰り返す一方で、彼らは着々と愛を深めていき、私は大ピンチに陥りました。

とうとう私は「彼を殺すか、自分が死ぬか」とまで思い詰めるようになっていきました。仕事にも行けず、ご飯も食べられず、地獄の底にいる気分でした。

「もう死にたい……、この苦しさを終わりにしたい……」

落ちるところまで落ちた私でしたが、たまたま見かけたYouTubeの動画に、雷に打たれたような衝撃を受けました（後で詳しく話しますね！）。

とことん落ち切った反動か、今度は「メンヘラをなおして彼とやり直したい」と強く願うようになったのです。

彼とやり直すために私はあらゆる方法を試しました。

復縁マニュアルを購入したり、決して安くはないセミナーやカウンセリングを受けたり。

しかし、彼との仲はなかなか進展せず、「彼女がいるのに私とご飯に行くってどういうつもりなんだろう」「もしかして私、キープされてる？」など、不安とイライラが募るばかり……。

試行錯誤を繰り返す中で、彼に振られて半年経った頃、私は自分の価値観を揺るがす、「ある概念」と出合いました。

最初はなかなか受け入れられなかったのですが、理解が進むにつれ、それまで自分の恋と人生がうまくいかなかった理由が初めて腑に落ちたような気がしました。

その概念を自分なりに咀嚼《そしゃく》しアレンジしてたどり着いたのが、「はじめに」でもお伝えした「ある方法」です。

そこから私の人生はみるみる好転していきました。

あれほどつらかった毎日を「なんだか楽しい」「なんだか幸せ」と感じるようになったのです。あれほど「ひどい」と感じていた彼の言動にも愛を感じるようになりました。あれほど大嫌いだった自分のこともだんだん好きになっていったのです。

私の変化と比例するように彼の態度は軟化していきました。

彼のほうから連絡をくれたり、優しい言葉をかけてくれたりするようになりました。

ついには、私の誕生日を彼の自宅で祝ってくれ、「もう1回付き合いたいと思っているから、ちょっと待っていて」と言われたのです。

1カ月後、彼は彼女に別れを告げ、私のところに戻ってきました。「結婚を前提に付き合ってください」の言葉とともに。

そしてさらに5カ月後、レストランの個室で私の足元にひざまずいた彼の手にはリングケースの中で光る婚約指輪がありました。「俺と結婚してください」とプロポーズされたのです。

プロポーズから2カ月後には入籍し、その1カ月後には東京ディズニーシー・ホテルミラコスタでの挙式が決まりました（人気の式場なので挙式自体は1年後でした）。中学生の頃から憧れていた夢の場所です。

「ある方法」にたどり着いてから約1年で私は「復縁」「プロポーズ」「入籍」、さらにその1年後には「憧れの場所での挙式」を叶えたのです。

今も毎日のように彼は「可愛い」「大好きだよ」と言葉をかけてくれます。浮気の気配も一切ありません。

お互いにときどきメンヘラが顔を出して喧嘩をすることもありますが、以前のような深刻さはありません。

彼に振られてどん底だったとき、私は「メンヘラをやめたい」と思いました。

でも、「ある方法」にたどり着いてから気づいたのです。

メンヘラであることと、愛されないことは別だった。

「メンヘラをなおそう」と思う必要なんてなかったのです。**私は私のままで幸せになってよかった**のです。

それに気づかせてくれた彼との別れとどん底の日々に、今は心から感謝しています。

ハッピー報告1000人以上！どんどん理想を叶えていく女性たち

「なんだか夢みたいな話だなぁ」

「本当にそんなに都合のいい展開があるの？」

「たまたまうまくいっただけじゃないの？」

そんなふうに思ったかたもいらっしゃるかもしれません。


でも、私が「ある方法」によって変わったことは事実。私と復縁しようと思った理由を彼に聞くと「以前の病んでいた状態と違って、一緒にいて楽しかったから」と言ってくれたのです。

そして何より、私と同じやり方を試した生徒さんたちからも「前よりもずっと彼と仲良くなった」「自分のメンヘラが気にならなくなった」「7カ月の音信不通期間を乗り越えて復縁できた」などのハッピー報告が1000件以上も届いているのです。
つまり、私がたどり着いた**「ある方法」は再現性が高い**のです！

以前の自分のような、恋も人生もうまくいかないメンヘラちゃんを応援したい。「**メンヘラでも幸せになれる**」って伝えたい。

そんな思いで私はカウンセラーになることを決めました。以前刑務官（公務員）として地元の女子刑務所で働いていた際に学んだ心理学や現場での経験に加え、カウンセリングや動機づけ面接（相手の自立的な変化を促すコミュニケーションスキルのこと）などを学び、恋と人生に悩む5000人以上の女性たちをサポートしてきたのです。

現在はSNSでの発信やオンラインサロンの運営、グループセミナーなどを通じ、メンヘラで悩む女性を撲滅すべく活動しています。
目指すのは、恋愛でうまくいくことだけではありません。
仕事、お金、人生など、その人が望むものすべてを叶えて最高に楽しい毎日を送ってもらいたい。**恋愛がうまくいくのは当然**の前提です。

今の私は金銭面でも公務員時代の何倍も豊かになり、ずっと夢見ていた億超え経営者になることもできました。

彼からは「(メンヘラ具合が) ただものではないと思っていたけど、まさかここまで変身するとは……」とからかわれています。

今、私はとっても幸せです！

そのままのあなたで絶対幸せになれる

感情に波があってすぐに泣いたり怒ったりしてしまう。

落ちて、病んで、何もできなくなることがある。

そんな自分のことを「普通じゃない」と思い込み、幸せになることを諦めている人がたくさんいます。


「大丈夫、絶対にうまくいくよ♪」と私はいつも伝えています。

メンヘラはただの「個性」です。普通じゃないと思うのなら、いっそ**普通以上に幸せになる**ことを目指してしまえばいいのです！

感情の揺れが激しい人は、ある意味、誰よりも人生を楽しんでいます。

落ちる谷が深い分、上がったときの頂点も普通以上だからです。

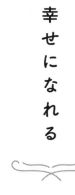

「普通にならなきゃ愛されない」

「メンヘラをやめなきゃ幸せになれない」


そう思い込んでいる人はたくさんいますが、決してそんなことはありません。

メンヘラ時代の私は恋愛マニュアルを見ては「これは普通の人向けだな……。私のこじらせ方は普通じゃないから参考にならない」と思っていましたが、本書で紹介している方法は感情の波の大きさを問わず、**誰もが「そのままのあなた」で幸せになれます。**

声を大にして言います。

自信がなくても彼氏ができていいし、泣いたり病んだりしていても愛されて幸せになっていいんですよ！

そのままで、あなたは絶対幸せになれます。

CHAPTER

1

恋と人生がうまくいかない理由

～恋をしたら情緒不安定。どうすればいいの？～

「メンヘラ」と「そうじゃない人」の違い

「メンヘラ」というと一般的にあまりよくないイメージがありますが、要は気持ちが不安定で病みがちな人のこと。そんな人はそこら中にたくさんいます。予備軍を入れればかなりの割合がメンヘラに該当するのではないでしょうか。

「自分もそうなのかな？」と気になった人もいるかもしれませんね。まずは、いわゆる「メンヘラ」と「そうじゃない人」の違いを3つ紹介します。

一番の違いは「**悩む時間の長さ**」です。

気持ちが不安定なメンヘラは、悩む時間が非常に長いです。というか、根に持ってずっと引きずります。ずっと引きずった結果、気分がどんどん落ちて、病みます。他のことが手につかなくなり寝込むこともあります。

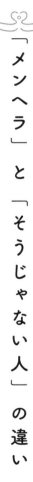

さらに、目の前の問題を自分の価値と結びつけて考えます。そして「だから私はダメなんだ」「こんな自分がうまくいくわけがない」「どうせ嫌われているに決まっている」などと考え、延々と思い悩み続けるのです。

メンヘラじゃない人も悩むことはありますが、無駄に悩み続けることはありません。悩んだり落ち込んだりしても、復活までの時間が短いのです。自分の価値と目の前の問題とを切り離して考え、解決する方法に意識を向けることができるからです。

復縁を目指している私の生徒さんの中には、まだ復縁が叶ってもいないのに「復縁してもうまくいかなくて別れたらどうしよう」と思い悩んでいる人もいます。

私はこれを「闇（病み）の先取り」と呼んでいます。どうせなら幸せを先取りすればいいのに、メンヘラちゃんはまだ起こってもいないことまで想像して思い悩むのが大の得意です。

2つ目の違いは「衝動性」です。

メンヘラは感情をコントロールするのが苦手です。

そのため、強い感情を抱くと衝動的に行動してしまいます。過去の私でいえば、いきなりブチ切れたり、約束もしていないのに突然彼の家に行ったりするなどがまさにそうです。

もちろん、メンヘラじゃない人も強い感情を抱くことはあります。

でも、「急に怒鳴ったりしたら失礼だよね」「突然家に来られても迷惑だよね」と相手の事情を想像し、自分の衝動を抑えることができます。自分のことだけで頭がいっぱいになったりはしないのです。

3つ目の違いは「依存傾向」です。

メンヘラは自分で自分の価値を感じられません。一方で「人に認められたい」という承認欲求はあるので、その欲を自分ではなく他人に満たしてもらおうとします。その矛先が恋人や家族、友人、同僚などに向かうのです。

例を挙げると、仲間が集まって楽しくおしゃべりしているときに「私ってほんとブスだよね……」「私って本当にバカだし……」など、過度な自虐を繰り出す人がいませんか？

周りは気を遣って「そんなことないよ」「誰もそんなこと、思っていないよ」とフォローするはめになり、疲れます。フォローしてもらった当人は承認欲求を満たしてもらって心の中ではご機嫌というわけです。

喧嘩やトラブルが起きると「私が全部悪いって言うわけ？」「どうせ私のせいだよね」「私なんていなければいいんだ」などと言いだす人も同じです。自分で自分を肯定できないから人に肯定させようとするのです。

このように自分のメンタルの安定作業を他者に依存してしまうのが気持ちが不安定な人です。健康的なメンタルの持ち主は自分で自分を肯定できるので、そんなことをする必要はありません。

特に3つ目の特徴を持つ人はわりとあちこちに存在します。

メンヘラちゃんは意外とあちこちにいるのです……！

恋が普通の人をモンスターにする

ここまでのお話をふまえてメンヘラを一言でいうと、**繊細で落ち込みやすく依存傾向のある人**です。

普段はそんなことがない人も、面白いことに、恋をするとそれなりの割合の人がこの傾向を見せます。

たとえば、相手が自分のことをどう思っているのかを考え続けて眠れなくなったり、「こんな自分じゃ付き合ってもきっとうまくいかない」と「闇（病み）の先取り」をしたり、「どうせ私のことなんか興味ないんでしょ」と相手に憎まれ口を叩いたり……。

みなさんも身に覚えがないでしょうか？（私は身に覚えがありすぎて震えています）

もちろん、一時的なものや軽度であれば問題はありません。気持ちが揺れ動くのは恋愛の醍醐味でもあるからです。恋の盛り上がりのスパイスになることだってあります。

でも、このような状態がずっと続いたり、常軌を逸した行動をしたりするようになると話は別です。

本人がしんどいのはもちろんのことですが、相手も嫌な思いをしたり腰が引けてきたりします。売り言葉に買い言葉で喧嘩が増え、あなたの存在を重く感じた相手はあなたのもとを去っていくかもしれません。

実際、過去の私は彼に対してこれでもかというほどのメンヘラ行為を繰り返していました。自分にとって唯一無二の存在である彼に「自分のことをわかってほしい」という気持ちが高じた結果、**モンスターのようになってしまっていた**のです。

私の場合、次のようなことをしょっちゅう行っていました。

・彼の言い分を聞かずにすぐに怒る
・都合が悪くなるとすぐに泣く

・彼が怒ると「ごめんなさい、許して」の平謝りを何百回も繰り返す
・電話やLINEの返事がないとスタンプを何百個も連打する
・嫌がらせのように何百回も電話をかけ続ける
・レシートみたいな長さの一方的な長文LINEを送りつける
・携帯など、彼の持ち物を壊す
・連絡がこなくなると家に押しかけ、開けてくれるまで扉を蹴り続ける
・机を投げつける
・彼のお気に入りのジャケットが破れるくらいの強さで腕を引っ張る
・彼に見せつけるように目の前でリストカットをする
・叫びながら彼を叩いたり蹴ったりする

また、「他に好きな人ができた」と彼に振られてからは、彼の家の周りをうろうろして様子を探ったり、デート中の相手を見つけてこっそり尾行したりもしました。怖いですね、いわゆるストーカーというやつです。

しかも尾行で終わらせず、デート中の彼と新しい彼女に話しかけて、「いつから付

き合っているの？」「この人、浮気してますよ。いいんですか？」などと言ったりもしました。彼らの仲睦まじい様子を見て勝手にショックを受け、その場にしゃがみこんで泣き、「ちょっと二人で話してきたら……？」と勧めてくれた彼女さんに対して「いつまで待ってんだよ！」と怒鳴ったりもしました。

本当に、今思い出しても恥ずかしいほどの暴走っぷりです。

こんなことをするのは私だけかと思いきや、意外とそうでもありません。

というのも、私の生徒さんの中には「彼の家でキャベツに包丁を突き刺して帰ってきた」「ブロック塀に自分の頭をぶつけて流血した姿を彼に見せつけた」などのメンヘラ武勇伝（？）を告白してくれる人もたくさんいます。

どうやら**恋はメンヘラを加速させてしまう**ようです。

しかし、私の過去の奇行をはじめ、こんなことをして彼が自分のほうを振り向いてくれるわけは……なかったのです（泣）。

自分の感情に蓋をしてきた経験が、恋を難しくする

メンヘラ行為を表面的に見る限り、感情の抑制がきかない「我慢できない子」のように見えるかもしれません。

確かに、その場の感情をコントロールできないという意味では「我慢できない」のですが、実は、彼女たちは**それまでの人生を「我慢しすぎ」な状態で生きてきた人**でもあります。

実は、**メンタルが不安定になりやすい人は、子どもの頃から親の期待に応えるために頑張りすぎていた人**がほとんどです。

特に母親に対する思いの強い人が多い傾向がありますが、**「嫌われたくない」「認められたい」**と思い続けてきた結果、周囲の大人の顔色をうかがう癖がついてしまった

のです。そのせいか、学生時代は成績優秀だったメンヘラちゃんは少なくありません。

本来、親に自分の気持ちを尊重してもらって健康的なメンタルに育った人は、無意識のうちに自分で自分の価値を実感しています。そういう人は、物事の判断基準の軸に「自分がどうしたいか」をしっかり据えています。

一方、**自分より親の気持ちや意見を優先して生きてきた人は、物事の判断基準が「自分」ではなく「親」**になります。

自分の感情や希望を後回しにしすぎたせいで、自分が何を感じているのか、自分が何をしたいのかもわからなくなっています。わからないものは認めようも優先しようもなく、自分ではなく他者の価値観で生きるしかありません。

つまり、彼女たちにとっては「人に認められる自分」がすべて。

彼女たちには自分で自分を「正解」にする力がありません。親や周囲の人が押しつけてきた「正解」に従うことが彼女たちにとってのすべて。「自分がどうしたいか」よりも「他者に与えられる正解」を追い求め、なかなかそこに近づけない自分を心の中で責め続けています。

このような人にとって、**他者から否定されることは自分を全否定されること**であり、何より怖いことです。

普通の人にとっては単なる「意見の不一致」「価値観の違い」に過ぎなくても、気持ちが不安定な人にとっては自分という存在自体を揺るがす大問題。だから**ちょっとしたことにも過剰に反応し、世界が終わったようなショックを受ける**のです。

彼女たちの口癖は「不安」「怖い」。

1回傷つくたびに1回「×」をつけられたような気分になり、「これ以上傷つきたくない」の思いでいっぱいになります。それが高じて、「なんて思われるか不安」「嫌われないか不安」など、「闇（病み）の先取り」につながるのです。

気持ちが不安定な人にとって自分の価値を決めるのは「自分」ではなく、あくまで「他者」。

その相手は、子ども時代なら「親」、恋をすれば「恋愛相手」です。

ただし、恋愛相手に対しては別の特殊な心理も働きます。

みなさんもなんとなく覚えがあると思いますが、人は恋をすると相手に「誰よりも自分をわかってほしい、認めてほしい」と望みがちな生き物です。


気持ちが不安定な人は、普通の人以上にその傾向が強くなります。それまでの人生でひたすら我慢してきた分、恋人には自分のすべてを受け入れてほしい欲求が暴走するのでしょう。つまり、恋愛という特殊な状況において気持ちの抑えがきかなくなってしまうのです。


このように、メンヘラちゃんは恋人にどんどん依存していきます。

本来は自分で肯定すべき自分の価値を恋人に認めてもらおうとするがゆえのメンヘラ行為なのです。

メンヘラは2種類

本来は自分で認めるべき自分の価値を恋人に認めてもらおうと暴走してしまうのがメンヘラちゃんですが、その表現の仕方には2パターンあります。

「**感情暴走タイプ（ヴァンパイア系）**」と「**感情とじこめタイプ（カメレオン系）**」です。

それぞれ説明しますね。

タイプ1 **感情暴走タイプ**（ヴァンパイア系）

「メンヘラ」という言葉で一般的に連想されやすいのがこちらのタイプです。

感情の起伏が激しく、怒ったり泣いたりと、ストレートに感情を表現します。その様子があまりに激しいため、周囲の人間は翻弄されがちです。吸血鬼のように人のエネルギーを奪うのが特徴です。

ちなみに私も感情暴走タイプです。

タイプ2 感情とじこめタイプ（カメレオン系）

こちらのタイプも「極端に気持ちが落ちることがある」という意味では感情の起伏が激しいのですが、それを露骨に表に出すことをしません。「しない」というよりは「できない」というほうが正しく、**自分の感情をどのように表に出してよいかがわからない**のです。自分がどう感じているか、何をしたいのかがわからない人もいます。

そのため、人に「何がしたい？」「何が食べたい？」と聞かれると「なんでもいいよ」「あなたの言う通りでいいよ」などと答えてばかりで、「何を考えているのかわからない」と恋人に思われて振られてしまうケースが多いです。また、人の顔色をうかがって、まるでカメレオンのように求められる自分を演じます。

タイプ1と2は一見真逆のように思えますが、**我慢し続けて生きてきたという根っこの部分は一緒**です。自分の価値を自分で感じられていない分、**他人を利用して自分の存在意義を確認**しようとします。そのための方法がメンヘラ行為なのです。

たとえば、感情暴走タイプのヴァンパイア系メンヘラちゃんの場合は、**泣いたり怒ったり怒鳴ったりして相手をコントロール**しようとします。キャベツに包丁を突き刺したり、ブロック塀に頭を打ちつけて流血した姿を相手に見せたりなどの行為も、相手の気を引いたり心配させたり、脅しに近い形で自分の望む言動を相手から引き出したりするためです。

感情とじこめタイプのカメレオン系メンヘラちゃんの場合は、感情や意見を出さず、**相手に察してもらうことで相手をコントロール**しようとします。「どうしたの?」「大丈夫?」「何が食べたい?」など、**気にかけてもらうことで自分の価値を感じている**のです。

ただ、相手の顔色をうかがって本音を言えない状態が続くため、不満を溜め込んでしまったり、自分の気持ちがわからなくなったり、相手が望まない行動をとると「私のことをわかってくれない」と不満を抱いたりします。

なお、メンヘラちゃんがこの2タイプのどちらかに必ず該当するわけではなく、その間のグラデーションのどこかに該当することが多いです。

両方の傾向を併せ持つハイブリッドタイプのメンヘラちゃんもいれば、どちらかの傾向が強いけれど、時と場合によってはもう一つのタイプが顔を出したり、相手によって使い分けたりする人もいます。

この2タイプは根っこではつながっており、**心配されることを愛だと思い込んでいる「かまってちゃん」**なのです。

恋愛に悩む人は、人間関係にも悩むことが多い理由

いずれにせよ、メンヘラちゃんは自分で自分の価値を感じられないので満たされていない感覚を常に味わっており、**強い欠乏感**があります。自分を認めてほしい、愛してほしい気持ちが強く、その気持ちを他者に押しつけます。「くれくれ星人」ですね。

その一方で、**心の底では自分が人から愛される存在だと信じられていない**ため、愛を受け取ることも、実はできません。

よかれと思って相手がしてくれたことに対して「そうじゃない」「なんか違う」「やっぱりいい」などと否定したり、拒否したりするのもそのためです。

欲しがるわりには実際に与えられたらケチをつける。なんとも不思議な一人コント

のようですが、**勝手に自虐して勝手に傷ついて一方的に相手を責める**のはメンヘラちゃんの大きな特徴です。

彼女たちにとって、**自分はいつだって悲劇のヒロイン**なのです。

そんなメンヘラちゃんですが、仕事の場では問題のないことが多いです。役職がついていたり、いわゆるバリキャリとして活躍したりしている人も少なくありません。私自身も、職場では特に問題なく働けていました。むしろ、仕事を頑張っているほうだと思われていたと思います。

というのも、仕事ではやるべきことがわかりやすく、目的に向かって行動すればよいからです。ある種の正解がそこにはあるのです。

しかし、友人や家族、恋人といった人間関係に唯一絶対のゴールや正解はありません。自分で自分を正解にする力に乏しいメンヘラちゃんは、**正解のない人間関係においてどう振る舞ってよいかがわからなくなりやすい**のです。

他人を利用して自分の存在意義を確認しようとするという点では、友達に対しても同じような行動をとりがちです。そのため、「面倒くさい人」「かまってちゃん」「くれくれ星人」と思われやすいです。


親との関係がうまくいっていない人も多いです。

気持ちが不安定になるのは幼少期に原因があることが多いため、基本的にメンヘラちゃんの家族関係は幸せとは言いがたいことが多いです。

暴力やネグレクトといったわかりやすいＤＶや毒親のみならず、過保護や過干渉など、**どこかいびつな親子関係に苦しんでいる人は少なくありません。**恋愛においても「お母さんが認めてくれる相手でないとダメ」と思い込んでいる人もいます。


私も以前は家族とうまくいっていませんでした。

彼に振られてどん底だったとき、お母さんに対して「全部お前のせいだ。お前のせいで私の人生はこうなった」と家で大暴れしたこともありました。

ショックを受けたお母さんが仕事に行けなくなったほどです（今はすっかり仲直りしているのでご安心ください）。

アドラー心理学によると、ストレスの9割は人間関係。

気持ちが不安定な人の人間関係はこのような事情でうまくいかないことが多く、**ストレスいっぱいの人生がうまくいかないのは当たり前**のことなのかもしれません。

幸せも不幸も、自分がつくっている

そんな私がどうして変われたのかといえば、たまたま出合ったYouTubeの動画がきっかけでした。

その動画は、経営者・講演家の鴨頭嘉人《かもがしらよしひと》さんが発信していたもので、「人生は思った通りになる」といった内容でした。メンタルが落ちるところまで落ちていた私は、人を勇気づけるパワーにあふれたその動画に激しく感銘を受けました。

その頃の私は彼に捨てられたショックのあまり食事もできず入浴もせず、ただひたすら寝込んでいるだけで、自死を考えているほどでした。

でも、その動画を見て、

「今死ななくても、人間はどうせいつか死ぬ。だったら、死ぬ前にやりたいことをやっておいたほうがいいのでは……？」

と思ったのです。そのやりたいことは、彼と復縁してまた愛されることでした。

人はその気になれば変われます。

それは刑務官時代、服役中の人たちを見ていても感じていましたし、私自身の体験を振り返ってもそう思います。

変わりたいと言いつつ変われない人は、変わる理由がないのです。

逆にいえば、変わらないことでのメリットを享受しているのです。

というのは、悲劇のヒロインでいるのは実は気持ちのよいことだからです。

「悪いのはいつも周りで、自分はいつもかわいそうな、人から気を遣われるべき存在」として一人の世界に浸っているとき、その人の頭の中では「悲劇のヒロイン」としての自分にスポットライトが当たっています。スポットライトを浴びるのは気持ちがいいですよね。悲劇のヒロインといえど、人生の主役感を味わっているのです。

どうせなら健全な普通のヒロインとしてスポットライトを浴びればよさそうなもの

ですが、変わるための行動も努力もせずに人のせいにさえしていれば悲劇のヒロインにはなれてしまうため、ある意味、一番手っ取り早いのです。

それでも**変わろうと決断できるのは、その人なりの地獄を味わった人**です。変わらなくてもそれなりの生活と人生を続けることはできます。「このままでは嫌だ」と感じるほどの強い苦痛を感じた人だけが「変わりたい」と決断できるのです。

そのような意味では、**メンヘラちゃんは病みたくて病んでいる**わけです。**病むのはある種の癖であり、嗜好であり、趣味**なのです。

気持ちがどん底まで落ちた分、上がったときの振り幅は極端に大きく、通常以上の強力な幸せ感を味わうことができます。

つまり、**病むのは強い幸福感を味わうためのエッセンス**。メンヘラちゃんが人生をエンジョイしているとはそういうことです。

自覚がない人も多いので「私はそんなつもりで病んでいるわけではない」と思ったかたもいらっしゃるかもしれませんが、そのように解説できるのです（ただし、うつ病や精神疾患などの場合は話が別ですので、1カ月以上寝込んでしまうようなかたは早めに受診してくださいね！）。

しかし、私は「彼に捨てられる」という地獄を味わった後、大好きな彼とやり直すために、自分を変えようと決心したのです。

まず取り組んだのは、復縁するための方法をＳＮＳや書籍、講座などで勉強することでした。たくさんのテクニックや情報を学び、その通りに行動していました。

私から誘っていたとはいえ、振られた後も彼とは月に一回程度は会えていたので、それなりの成果はあったと言えます。でも、先にもお伝えした通り、彼の心を取り戻すところまではいきませんでした。

何より、私自身の不安感、欠乏感、焦燥感といったものは以前とまったく変わらなかったのです。

試行錯誤を繰り返しながら、彼から振られてちょうど半年が経った頃、私の人生を決定的に変える概念に出合いました。

それは「**目の前の現実は、自分がつくっている**」というものでした。

最初は「どういうこと？」「意味わかんない」「信じられない」と半信半疑だったのですが、インターネットや本などで調べていくうちに、かなり昔から存在している概念であり、科学的にも多くの研究がされていることがわかりました。

私が変わりたいと願った最初のきっかけでもある、鴨頭さんが話していた「人生は思った通りになる」の内容にも通ずるものがありました。

そして何より、その概念を受け入れることで、**私の恋と人生がうまくいかない理由に納得がいった**のです。

この本でお伝えする方法はその概念をベースに考えられています。

次の章では、その概念をどのように私が理解し、受け入れていったのか、そしてその概念とは具体的にどのようなものなのか、わかりやすくお話ししていきます。

CHAPTER

2

そのままのあなたで
最高の恋と人生を
手に入れる

～未来はあなたが「思った通り」～

そう思ったら、そう！

私が出合った概念とは、「**人生は思った通りになる**」「**目の前の現実は、自分がつくっている**」というものです。講演家の鴨頭さんは、これを言い換えて「**そう思ったら、そう！**」と言っていました。

この考え方は一般的に「引き寄せの法則」と呼ばれています。

初めて私がこれを知ったときは、「本当に？」「信じられない」といった否定的な気持ちでした。**自分が思ったことがそのまま現実になる**なんて、そんな都合のいいことがあるとは思えなかったからです。

ただ、当時の私は恋も人生もうまくいっておらず、メンヘラをなおして愛する彼とやり直したいという気持ちでいっぱいでした。そのため、謙虚な気持ちで自分の人生を振り返ったのです。

そして気づいたのです。もしかしたらこれは本当かもしれない、と。

というのも、中学生の頃の私は自信満々な少女でした。当時学年で一番モテていた男の子のことを好きになりましたが、私は自分に自信があったので、「きっと付き合える」と思っていたところ、本当に付き合うことができました。

その後メンヘラになった高校生の私は、とてもかっこいい男の子を好きになったのですが、「私なんかがあの人に好かれるわけがない、付き合えるわけがない」と思っていました。案の定、恋は叶いませんでした。

このように、過去の自分の気持ちの状態と恋を改めて振り返ってみたところ、確かに**「思った通り」になっていた**のです。

そしてよくよく考えてみると、そのときの私の状態も「思った通り」になっていることに気がつきました。最愛の彼と付き合っている間、私は彼のことをずっと「この人は浮気性。どうせすぐに浮気をするに決まっている。どうせ私なんかが選ばれるわけがない」と思っていました。そして実際、彼は浮気を繰り返し、最終的に私は振られてしまったわけです。

この現実に思い至り、私は「**これってつまり、目の前の現実を自分の気持ちや考え方がつくっているってことなのかも**」と感じたのです。

「人生は思った通りになる」「目の前の現実は自分がつくっている」という概念はスピリチュアルの文脈で語られることも多いです。そのため、なんだかあやしいと感じるかたもいらっしゃるかもしれません。

でも、ちょっと振り返ってみてほしいのです。

この本を読んでくださっているかたは、恋愛がうまくいっていないからこそこの本を手に取ってくれたのだと思います。

なぜ、あなたの恋がうまくいかないのか。それは、「私の恋愛はうまくいかない」とあなたが思い込んでいるからだとしたら、どうでしょうか？

そのようなあなたの気持ちの状態や考え方が、目の前に起きていることにつながっている可能性がないと言い切れるでしょうか……？

逆に、あなたが「私の恋は絶好調！ 私は自分が大好きで、彼からも最高に愛されていて、毎日幸せ♡」と思っていたら、おそらくこの本を読んではいないですよね。

少し違う言い方をしてみます。

「人生は思い通りになんかいかないよ」と自虐的に語る人もたくさんいますよね。しかし、その人はお世辞にも幸せそうではありません。つまり、「人生は思い通りにいかない」という考えがそのまま現実になっているわけで、その人にとって「人生は思った通りになっている」のです。

では、「人生は自分が思った通り！」と心から信じて振る舞っていればどうなるでしょうか？

その答えは、ぜひあなたがご自身で実験してみてください。

ちなみに、私は、「そう思ったら、そう！」「人生は思った通りになる」と信じており、実際、毎日最高に幸せで、望み通りの人生を生きています♪

すべてが思い通りになる仕組みとは

彼に振られて、復縁の方法やマニュアルを学んで行動していた半年間、彼との関係はなかなか進展しませんでした。

しかし、「人生は思った通りになる」の概念を知り、**自分の気持ちや考え方に意識を向け始めた途端、彼との関係は少しずつ改善**していきました。これは、彼に向いていた自分のベクトルの矢印を、自分自身に向けるようになったからだと私は考えています。

「人生は思った通りになる」とはいったいどういうことなのか。その仕組みについて、解説していきますね。

まず大前提として、**意識には2種類あります。**

1つは「顕在意識」といって、私たちが普段頭の中で自覚的に考えていることです。「今日は雨だから傘を持っていこう」「明日は朝早いから、今日は早く寝ようっと」などです。

そしてもう1つは「潜在意識」といって、自分で認識すらしていない、無意識のものです。たとえば、歯磨きをするとき、私たちはいちいち「コップをとって、水を入れて、歯ブラシを持ち上げて……」なんて考えたりはしませんよね。感情や感覚、過去の記憶などがベースになり、思考を通さずに無意識のうちに行動できるのは潜在意識のおかげなのです。

なお、脳全体の意識に占める割合は、潜在意識が97%、顕在意識が3%であることがわかっています。潜在意識のほうが圧倒的に多いのです。

実際、潜在意識というものは侮れません。

似たようなブラウスを数着持っているとして、「今日はブラウスを着よう」と思ったとき、「なんとなく」で1着を選ぶことも多いはずですが、その判断基準とはいったいなんなのでしょうか？　あなたの「無意識」は、いったい何をもとに数着のブラウスの中から1着を選んだのでしょうか？　無意識とはいえ、潜在意識の中には何かしらの判断基準があったはずなのです。

つまり、**潜在意識に刷り込まれている内容によって、私たちの行動は変わってくる**のです。当然、行動の結果としての現実も変わってきます。

私たち人間は1日に最大3万5000回もの決断をしていると言われますが、その決断のうちには潜在意識によるものも多く含まれているはずです。

ということは、私たちの行動の多くは、自分で意識していない判断基準によって決められていることになります。そして、その判断基準によって、行動の結果としての現実、つまり人生が大きく変わってきてしまうのです。

この考え方でいくと、もし私たちの潜在意識に「**私なんかが彼に愛されるわけがない**」**という考えがあったら、無意識のうちに彼から愛されないような行動をとってしまう**ことになります。これでは、いくら彼とやり直したいと頭で考えていたとしても、うまくいくわけがありません。

このような仕組みが、つまり「人生は思った通りになる」「思考は現実化する」ということだと私は思うのです。

「思ったことが現実になる」とは、私たちが**無意識のうちに思っていることに見合った選択を重ねた結果、無意識にイメージすることが現実になる**ということなのです。

いわゆる引き寄せの法則でいうところの「引き寄せる」という行為の主語は、私たちの意識。つまり、**人間の意識の大部分を占める潜在意識が、それに合致した現実を引き寄せる**、と解釈ができます。

「引き寄せの法則」というと、何か必殺テクニックのような印象を受けるかもしれませんが、「使おう」と思って使うようなものではなく、**常に自動的に発動している「現実がつくられるメカニズム」を説明した**ものなのです。

「人生は思った通りになる」とは、そういうことなのです。

頭の中のスパルタ鬼コーチが不幸を引き寄せる

潜在意識による無意識の判断を繰り返した結果、潜在意識がイメージする通りの現実と人生になっていくというお話をしました。

では、もう一方の顕在意識が人生に与える影響はたいしたことがないのかといえば、そんなことはありません。なぜかというと、**顕在意識で考えていることは潜在意識に影響を及ぼす**からです。

わかりやすいよう、ここからは**顕在意識を「頭の声」**、**潜在意識を「心の声」**と呼んで解説していきます。

私たちが何か行動をするとき、頭の中でいろいろと考えますよね。

たとえば、「甘いものを食べたいけど、今食べると太っちゃうよなぁ」は、前半が

「心の声」、後半が「頭の声」です。つまり、私たちは**潜在意識（心の声）で感じたことに対し、顕在意識（頭の声）でジャッジしている**のです。

その結果、この場合は「今食べるのはやめておこう」となりそうですが、もし、「食べたいときに食べたいものを食べるのが一番いいよね」と頭の声が言っていたら、「じゃあ今食べよう」の結論が出るでしょう。

「頭の声」が常に自分に対して厳しいものであったとしたら、それが「心の声」にも影響を与え、どんどん自分に厳しい人間になっていきます。

「彼と復縁したいな」と思ったときに、「無理に決まっているでしょ」「未練がましいから諦めたほうがいいよ」という「頭の声」が聞こえてきたらどうでしょうか。なんだかがっかりした気持ちになって、復縁に向けて前向きに行動する気力もなくなりそうですよね。

その逆に、「復縁、いいじゃん」「大丈夫だよ。きっとできるよ」という「頭の声」が聞こえてきたらどうでしょう。明るい気持ちになれて、復縁に向けた前向きな行動に移しやすくなりそうです。

ということは、自分の欲求に素直になって前向きに明るく生きていくためには、「心の声」で感じたり望んだりしたことに対し、「頭の声」がそれを応援したり実現のための方法を考えてくれたりするのが理想的なのです。

でも、気持ちが不安定な人は、残念ながらそうはいきません。幼少期の育ち方や刷り込まれたものによって、「頭の声」が自分に厳しいものになっているからです。

「頭の声」とは、「自分で自分をどう思っているか」のセルフイメージと一致します。

気持ちが不安定な人は、自分より親の気持ちや意見を優先して生きてきた人であり、自分で自分の価値を感じられていない人だとお話ししましたね。

つまり、このような人のセルフイメージは「価値のない自分」「愛されるわけがない自分」「ダメな自分」などであり、さながら「頭の声」はスパルタ鬼コーチ状態なのです。心が感じた素直な欲求や望みに対して「そんなことできるわけがない」「無理に決まっている」など、自己否定ばかりしてきます。

このようなスパルタ鬼コーチの声は「心の声」をどんどん侵食していきます。それが進むと、自分で自分を正解にする力のない、気持ちが不安定な人になってしまうのです。

「人生は思った通りになる」の仕組みにおいても、このスパルタ鬼コーチは不都合な現実を引き寄せてしまいます。**潜在意識で何かを感じたり望んだりしても、常にスパルタ鬼コーチによって自己否定されてしまいますから、その悪いイメージがそのまま現実化してしまう**わけです。

「価値のない自分」「愛されるわけがない自分」「ダメな自分」に見合う現実を創造し、その現実を見ては「私が悪いんだ」「やっぱり私なんてうまくいくわけがない」「どうせ私の恋愛はうまくいかない」とますます思い込んでしまい、その思い込みによってさらなるネガティブな現実がつくられていきます。

まさに**不幸のスパイラル**です……。

「感情はコントロールできない」はウソ

この頭の中のスパルタ鬼コーチにダラダラとしゃべらせると、たいがいろくなことになりません。

彼の言動に対して嫌な気持ちになったり凹んだりするのも、スパルタ鬼コーチのせいであることが多いです。

たとえば、彼からＬＩＮＥの返信がなかったらあなたはどう思うでしょうか？

気持ちが不安定な人は、「彼はなんで返事をくれないんだろう？」の後に、「きっと私のことが嫌いなんだ」「他の女と一緒にいるのかも」「私のことなんて大事に思ってないんだ」などと考え、怒ったり泣いたり落ち込んだりします。

でも、実際に彼がなぜ返事をくれないかの理由は彼にしかわかりません。

本当に他の女といる可能性もないわけではありませんが、単純に気がついていないだけだったり、仕事中だったり、友達としゃべっていたり、携帯が壊れたりしている可能性もあります。

つまり、想像した内容は、**頭の中のスパルタ鬼コーチが勝手に考えたこと**にすぎないのです。

健康的なメンタルの人や前向きな人は、「気づいていないいないんだろうな」「仕事で忙しくて返事を送る暇がないいんだろう」「そのうち時間ができたら返事をくれるはず」などと考え、無駄に感情を持っていかれることがありません。その人の頭の中にはスパルタ鬼コーチではなく、自分を肯定してくれる存在がいるのです。

「彼からＬＩＮＥの返事がない」という目の前の現実は同じにもかかわらず、気持ちが不安定な人とそうでない人とでは、味わっている感情がまったく違いますよね。

つまり、**「頭の声」次第で、味わう感情は変えられる**のです。

私はこれを次のような方程式で表しています。

事実×ジャッジメント＝感情

ジャッジメントとは頭の中の声であり、気持ちが不安定な人の場合はスパルタ鬼コーチによるものです。このジャッジメントは「思い込み」とも呼びます。

どうせ同じ現実を見るのなら、嫌な感情を味わうよりは、フラットな感情、もしくはよい感情を味わうほうがいいと思いませんか？

なぜなら、ここまでお話ししてきたように、自分の思考によって目の前の現実はつくられていくからです。

彼からＬＩＮＥの返事がこないことに怒ったり落ち込んだりした状態が引き寄せてしまう現実と、フラットもしくは前向きな感情によって引き寄せる現実のどちらが望むものに近くなるでしょうか。答えはもう明らかですよね。

「感情はコントロールすることはできない」と思い込んでいる人もたくさんいますが、実は**感情はコントロールできる**のです。

「事実×ジャッジメント＝感情」の方程式さえ知っていれば、根拠のない悪い想像に気持ちを振り回されることや、その結果としてつらい現実を引き寄せてしまうことを防げます。

もちろんこれは恋愛に限ったことではありません。

職場で上司の機嫌が悪いとき、「私に対してイライラしているのかも」「私が何か怒らせることをしてしまったのかも」と思うのと、「家族と喧嘩でもしたのかも」「お腹がすいているのかな？」「通勤途中で何か嫌なことでもあったのかな」と考えるのとでは、味わう気分も大きく違いますし、その後の自分の振る舞いも変わってきそうです。ひいては、**日々の生活、そして人生も変わってくる**のです。

「傷つきやすい」「落ち込みやすい」との自覚がある人は、もしかしたら頭の中にスパルタ鬼コーチを飼っているのかもしれません。

「愛されてない」と感じてしまう理由とは

頭の声は、「自分で自分をどう思っているか」のセルフイメージと一致するとお話ししましたね。

このセルフイメージはもちろんスパルタ鬼コーチによるものなのですが、これを他人に投影してしまうと、さらに嫌な思いを味わうことになります。

他人に投影するとは、**「自分だったらこう思う」というものを、他人の言動にもそっくりそのままあてはめてしまう行為**です。

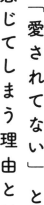

たとえば、道を歩いているときに知らない人からじっと見られた気がしたとき、あなたはどう考えるでしょうか？

気持ちが不安定な人の場合は、「ブスって思われたんだ」「気持ち悪いから見られたんだ」などと考えることが多いです。

一方、健康的なメンタルの人は「可愛いって思われたのかな？」「おしゃれって思われたのかも！」「服に何かゴミでもついていたかな？」など、自分に都合のよいように前向きに考えたり、客観的な想像を膨らませたりします。

これは、気持ちが不安定な人のセルフイメージが「ブス」「気持ち悪い」などであるのに対し、健康的なメンタルの人が「可愛い」「おしゃれ」などであるからです。両者とも、自分で自分をどう思っているかをそのまま相手の気持ちにあてはめて考えているのです。

あらゆることを自分に悪いように解釈し、ちょっとしたことにも大げさに反応してしまう人がいますが、このような被害妄想の激しい人も、自分の思考を他人に投影していることがほとんどです。

彼からのＬＩＮＥの返事が遅いときに「私のことを愛してないんだ」「私のことが

嫌いなんだ」と思い込んでしまう人は、その人自身が愛する人からＬＩＮＥがきたらすぐに返信するようにしているのでしょう。「愛しているからすぐに返信する」というその人の価値観を、彼にそのままあてはめて考えているのです。

また、**その人自身が自分のことを愛しておらず、嫌いだからこそ、「きっと彼もそうだろう」と思い込んでいる**わけです。

そして、「愛されていない」「嫌われている」という思い込みに合った行動を無意識にとってしまい、予定通り彼に冷たくされたり振られたりして、「やっぱりね」と、ますますネガティブなセルフイメージを強化していきます。

このように、**思考の投影も、「人生は思った通りになる」の現実創造の大前提に強くかかわってきます。**

彼や周囲の人たちの言動に嫌な思いをすることが多い人は、自分の思考を他人に投影していないかを意識してみると、何か気づけることがあるかもしれません。

お金が貯まる未来も、今すぐつくり出せる

スパルタ鬼コーチによる頭の声は、心地よい毎日と望む人生を実現することを邪魔するものであり、「メンタルブロック」などと呼ばれることもあります。

気持ちが不安定な人に限った話ではなく、私たちは意識の中にこのような「ブロック」をたくさん抱えています。

わかりやすい例を挙げると、お金に関することです。

お金を使うことに抵抗感や罪悪感がある人や、なかなか収入が上がらない人の意識には、お金に関するブロックがあることが多いです。

「お金はすぐになくなる」

「お金が足りない」
「お金は苦労して頑張った結果として得られる対価」
「お金をたくさん使うのは品がない」

のような、お金そのものに対する思い込みのほか、

「高卒だから稼げない」
「資格がないから稼げない」

など、経歴や経験のコンプレックスをもとにした考えもあります。
いずれも、お金を得ることや使うことに悪いイメージを持っているため、無意識のうちにお金を得られない状況やお金を使えない状況を実現する方向に行動してしまいます。

つまり、**お金が足りない状況も、お金を使えない状況も、自分がつくり出してしま**

っているのです。

よくあるご相談に「お給料が安くてお金がない」「給料が上がらないからお金が貯まらない」などがあります。

少し厳しい言い方になってしまいますが、そもそもそのようなお給料の会社に就職を決めたのは誰でしょうか。

求人票を見て、その会社に履歴書を書いたりエントリーしたりした人は、誰でもない自分のはずです。

過去の自分が選択を重ねた結果が、今の自分。

逆にいえば、自分の選択次第で未来はいかようにも変えられます。

私たちは自らの思考のブロックに合わせた行動を無意識のうちにとり、その通りの現実と未来を自らつくり出しています。

小説や映画でいえば、伏線回収しているようなもの。

どうせ伏線回収するなら、心ときめく伏線を張っておきたいと思いませんか？

お金も愛も手に入れるには、自分を許すだけでいい

人生において、心ときめく伏線回収をするには、頭の中のスパルタ鬼コーチの声やメンタルブロック、ネガティブなセルフイメージなどを**ポジティブなものに変えることが必要**です。

これまで挙げた例でいえば、次のように上書きできるとよさそうです。


「私の恋愛はうまくいかない」↓「私の恋愛は簡単にうまくいく！」

「私なんかが彼に愛されるわけがない」↓「私はすでにみんなに愛されている♡」

「未練がましいから復縁は諦めたほうがいい」↓「復縁したら彼も私も幸せ！」

「私はブス、気持ち悪い」↓「私は最高に可愛くて魅力的♡」

「お金はすぐになくなる」↓「お金はすぐに入ってくる！」

「お金が足りない」↓「お金はいつもある！」

「お給料は頑張った結果として得られる対価」↓「お給料は私の存在に支払われているから簡単に受け取っていい♡」

「お金をたくさん使うのは品がない」↓「お金を使うほどハッピーが増える！」「欲しいものがたくさんあるのは生きている証拠！」

「高卒だから稼げない」↓「高卒でもたくさん稼いでいい！」

「資格がないから稼げない」↓「資格がなくても稼いでＯＫ！」


上書き内容はあくまで一つの例なので、自分にしっくりくるものをそれぞれ考えてもらってＯＫです。


ちなみに私は、**お金はハッピーチケット**だと考えています。

大前提として、**お金は自分が使っても人に使ってもらっても、ハッピーが生まれるもの**です。なぜなら、お金を使って欲しいものや体験を手に入れるのですから、当然、うれしい気持ちになりますよね。そして、誰かが自分にお金をくれた（払った）ときも、お金をもらえてうれしい気持ちになります。自分が気持ちよく払ったお金を、受け取った誰かがまたその人の欲しいものを買うために使ったら、またそこでハッピーが発生しますよね。

つまり、**お金を使うことはハッピーポイントを発生させることであり、使えば使うほどハッピーポイントがどんどん増えていく**のです。

お金を使わずに自分のもとに貯め込んでおくと、このようなハッピーポイントは一切生まれません。**なんの目的もなく、不安をかき消すように貯めているお金は死に金で、誰も幸せにせず、世界を豊かにもしない**と私は思います。

また、お金は使えばなくなるように思われがちですが、今お伝えした通り、自分の手を離れたお金はまた誰かの手から手へと渡り、延々と世界を巡ります。

お金は移動しているだけで、なくなるわけではないのです。

さらに、お金の代わりにあなたは自分の欲しいものを手に入れているのですから、お金が他のものに形を変えただけなのです。

お金を使った後に罪悪感を抱く人は、「お金を手放した」というところに向いている意識を「お金と交換したもの」に向けてみてください。「可愛いお洋服を手に入れられてうれしい」「買った新作のコスメで可愛くメイクしよう」など、お金を使って何かを得たときには必ずウキウキした気持ちがあるはずです。そこに意識を向けられれば、お金を使うことへの罪悪感を抱かずにすむようになります。

とはいっても、「そんなに簡単に考え方を切り替えられないよ」「前向きに考えるのに抵抗がある」というかたもいらっしゃるでしょう。

大丈夫です。そのような人は、**「○○していい」という許可の形でポジティブな上書き**をしてみましょう。

「みんなに愛されている」なら「みんなに愛されていい」、「彼と復縁できる」なら「彼と復縁していい」などです。

自分を許してあげるイメージで「○○していい」と考え続けていると、だんだん素直に「そうなのかも」と思えるようになっていきます。
メンヘラちゃんは自分に厳しい人がほとんど。**自分で自分を許してあげましょう！**

ネガティブをポジティブに上書きする簡単な方法

ネガティブな思い込みやセルフイメージをポジティブに変えようと思っても、何年も続けてきたネガティブな考え方が急に180度変わるわけではないですよね。

そこで、**何度でもネガティブな意識をリセットしてポジティブに上書きできる簡単な方法を紹介します。**

一番手っ取り早いのは、**願いを紙に書いて目につくところに貼っておくこと**です。

私も復縁活動中には「朝、目覚めただけで感謝されていい」「彼と復縁」などと紙に書き、自分の部屋のドアに貼っていました。今でも「出版が決まりました」「なぜか毎月100万円が入ってくる」「楽々億超え経営者になる」「私は有名人」など、様々な願いを紙に書いて貼っています（本書で「出版が決まりました」は叶いましたね♪）。

書く内容は、「（今の自分では）心から信じ切ることはできないけど、そうなったらうれしい」という内容ならなんでもＯＫです。

このとき、「○○が決まりました」「私は□□」など、まだ実現していないことを断定形で書いてもいいですし、「△△していい」と許しの形にしてもいいです。要は**自分にしっくりくる形であればなんでもいい**のです。

今の自分とかけ離れていることを断定形で書くことに違和感や拒否感を覚える人は「△△していい」の許しの形にしてあげたほうがよいかもしれません。「そうはいっても無理だよね」と心の声が続いてしまったら、そちらの気持ちと思考で現実を引き寄せることになるからです。

「だけど、それでもやっぱり『本当にそうなれるのかな』って思っちゃう……」

そのような人は、「不安だけど、簡単に愛されていいよね」「現実的に難しいかもしれないけど、でも復縁できちゃうもんね」など、**自分の不安な気持ちを前置きにつけちゃいましょう**。

というのも、**前半の前置きがどのようなものであれ、**現実化するのは後半の部分だからです。

一般的に引き寄せの法則では「心から信じているものを引き寄せる」とか「ワクワクした気持ちが現実をつくる」などと言われますが、**肝心なのは、自分の不安な気持ちをきちんと受け入れたうえで願いを放つこと**です。

不安な気持ちを見ないふりしたり、考えないようにしたりして願いを放っても、無意識のうちにある不安な気持ちが現実を創造してしまうことはここまでお話しした通りです。なので、**そんな自分も受け入れたうえで、それでもなりたい自分を自由に思い描いてみましょう。**

「泣いても願いは叶う」
「落ち込んでも恋は叶う」
「メンヘラでも愛されちゃう」

そう願って、今の気持ちと願いをそのまま放てばいいのです。

無理にポジティブになる必要はありません。**今のままの自分で、いつのまにかなりたい自分になれている、そんな人生を目指しましょう。**

なお、このような、**ネガティブな思い込みやセルフイメージをポジティブに変える刷り込み作業を「アファメーション」**といいます。

紙に書く以外に、スマートフォンのリマインダー機能を使うのも便利です。私も紙に書くほか、スマホのリマインダーにもいろいろと設定しています。

・朝、目が覚めただけで感謝されていい
・私の当たり前に価値がある
・決めるだけで叶う
・楽しむだけで夢が叶っていい
・なぜか毎月１００万円が手に入る

これらを何度も目にすることで、少しずつ潜在意識に刷り込まれ、ネガティブな考え方やセルフイメージが少しずつポジティブなものに上書きされていきます。もちろん一朝一夕に変わるものではありませんが、**定期的に目にすることで「そうそう、そうだった」と何度でも思い出すことができます。**

そのうち、「うん、そうだよね」と思える日がやってきて、自分の言動が少しずつ変わっていきますから、楽しみにしていてください♪

欲しい未来が叶うことは確定事項

ポジティブな願いを放っているのになかなか望む現実がやってこない、とがっかりした様子で話す生徒さんもいます。

そんなかたには少し考えてみてほしいと思います。

これまであなたがネガティブな考えや感情を放ち続けてきた期間はどのくらいでしょうか。3年？ 5年？ もしかしたら10年や20年かもしれません。

それらが順番通りに現実化されているとしたら、ほんのここ数日や数週間で放ったポジティブな願いの現実化の順番がそんなにすぐにやってくるはずがありません。

アマゾンやUber Eatsで何かを注文したときのことを思い浮かべてみてください。

注文した後、「早く届かないかな」と追跡をずっと見ているとなかなかやってこないように感じますが、他のことに意識を向けて好きなことをして過ごしているといつのまにか届きますよね。「もう届いたの？」と、あっという間に届いたような感じがしますが、時間はちゃんと経っているのです。

望む未来を待つこともネット注文と同じようなもので、「早く来ないかな～」と待ちわびていると現実化が遅く感じられますが、**好きなことをして楽しく過ごしていればいつのまにか実現**しています。

ネットで注文したものが届かないことは、ないですよね。それと一緒で、**欲しい未来をポチッと注文したら届くことは確定した**と思ってもらって大丈夫。後は好きなことをして楽しく過ごしていてください。

人生の変化はグラデーションのようにじわじわと起きるものなので、明日になれば急に望む人生にさま変わりしているわけではありません。でも、あなたが注文した望みや欲しい未来は必ずあなたのところに届きます。

「私はもう10年以上ネガティブな考えを続けてきたから、今からポジティブな願いを放っても現実化するのは10年以上かかるってこと？」

と絶望しそうになったかたもいらっしゃるかもしれませんが、安心してください。

人生は、思った通りになるのです。「そう思ったら、そう」なのです。

だったら、「10年かかるのか……」と残念な気持ちになるのではなく、**「きっとすぐ叶っちゃう♪」と上書きしてしまえばいい**のです。

「ネガティブな私を10年続けてきちゃったけど……でも、すぐ叶っていいよね！」と思っていれば、あなたの願いの現実化はそう遠い未来ではありません。

人生はあなたが思った通りになります。**どんな前置きがあったとしても、あなたの願いは叶っていいし、恋がうまくいっていい**のです。

なお、**注文したからには「きちんと受け取る」ことも大切**です。

これまでさんざん「彼からＬＩＮＥの返事が欲しい。連絡が欲しい」などと望んできたにもかかわらず、実際にそれが現実のものとなったときに、「『会おう』って言われたけど、私の体が目的なのかもと思っちゃう」「彼にとっては遊びなのかも」と疑い始める人がいますが、それはネット注文でいうところの受け取り拒否です。

望んだ通り、注文した通りの未来がやってきたのに、それを受け取らなくては望む恋も人生も実現するわけがありませんよね。

以前に注文した「残念な現実」がやってきたら、「はいはい、これね、前に注文したやつね」と、一応受け取って華麗にスルーしておきましょう。それさえも、過去に望んだことが叶った証拠にすればよいのです。

気持ちが不安定な人は自分が人から愛される存在だと心の底で信じていないため、人からの愛を受け取ることができないというお話もしましたが、自分が放った願いを素直に受け取れるようになるためにも、日々のアファメーションでセルフイメージを高めていきましょう。

いずれにせよ、望まなければ叶うことはありません。
そして、望んだからには悩んだり迷ったりせず、しっかり受け取りましょう！

CHAPTER

3

自分と仲直りすれば
毎日が幸せいっぱい!

～1日3分でできる「自分集中タイム」～

「絶対うまくいく！」と思えたときが行動タイミング

「いつ頃、彼に連絡してもいいですか？」
「そろそろ彼にＬＩＮＥしても大丈夫でしょうか？」

復縁を目指している生徒さんからのよくある質問です。
いわゆる復縁マニュアルでは「冷却期間をとりましょう」と書かれていることがよくあります。お互いに感情的になっている状態を落ち着かせ、冷静に会話できるようにするためです。あなたが彼に言ってしまったひどいことも、時間が経って彼の気持ちが落ち着くのにつれて記憶が薄れてくることを期待する意味合いもあるようです。

しかし、気持ちが不安定な人はそもそも根に持つタイプだし、執念深いです。言ったことも言われたことも、したこともされたこともしっかり覚えています。それはいくら時間をおいたって変わりません。

メンヘラちゃんと付き合う男性もたいていメンヘラですから、彼も**あなたにされたことをきれいさっぱり忘れてくれるようなことはまずない**と思ったほうがよいでしょう。

つまり、**「冷却期間をとりさえすればうまくいく」と考えるのは間違い**だということ。

そもそも私は**冷却期間なんていらない**と思っています。

「冷却期間をとらなきゃ」と考えてしまうと、彼に連絡したい気持ちを我慢して、ただひたすら耐え忍ばなければ……とつらい気持ちになってしまいますよね。

でも、そのようなネガティブな気持ちでいたら、それに見合った現実を自分でつくってしまいます。

であれば、冷却期間なんてとらなくてもよいのです。

では、どのタイミングで彼へのアクションを開始すればよいかといえば、**あなたが**

「今の私なら絶対にうまくいく」と思えたタイミングです。

というより、彼とうまくいく人は「そろそろ連絡してもいいかな？」なんて考えたりしません。考える暇もなく、気がついたら軽やかに連絡をとってしまっています。

「もう連絡してもいいかな？」「いつなら大丈夫なのだろう？」との考えが頭に思い浮かぶ時点で、まだなのです。

そもそも、恋愛で病んでしまう主な原因は、自分ではなく他人に目を向けていること。自分に意識を向けず、自分で自分を満たさないから深く悩み込んでしまうのです。

「今連絡したら、彼にどう思われるかな？」と考える時点で、自分ではなく彼に意識の矢印が向いてしまっています。

「うまくいかないかもしれない」「どうせ返事はこないだろうな」と不安なまま行動してもうまくいくことはありません。その不安な気持ちに見合った未来を創造してしまうだけです。

今のあなたに必要なのは、彼のことではなく、自分について考えることです。

彼と健全なコミュニケーションをとれるかどうかはあなた次第。

あなたの準備ができさえすれば、彼にいつ連絡したってかまわないのです。

復縁のための冷却期間なんてとる必要はありません。

「今の私なら絶対に大丈夫」と思えたときが最高の連絡タイミングです。

「気がついたら彼に連絡しちゃっていた」という状態であれば、あなたの恋と彼との関係は絶対にうまくいきます。

ただし、不安や焦りに突き動かされて「気がついたら彼に連絡しちゃっていた」という状態は、行動の根っこにあるネガティブな気持ちが望まない未来を引き寄せてしまいます。さみしさを埋めるために彼の存在を利用したり不安ベースで衝動的に連絡したりするのではなく、**安心感・愛ベースで連絡**をしましょう。

心のコップを修理して自分と仲直り

恋愛で悩む人には「もっと私を見て」という気持ちがあります。

実は、この叫びは本来、自分が自分に対して言いたいことです。**自分で自分にやってあげるべきことを他者に求めるから、人との関係がうまくいかなくなる**のです。

自分で自分にきちんと意識を向けている人は、誰かに対して「私を見て」と求める必要はないため、依存的になることがありません。自分の思い通りに動いてくれない他人に対してフラストレーションをためることもないわけです。

気持ちが不安定な人は、たとえるなら心のコップがひび割れているようなものです。スパルタ鬼コーチのゲキによって、ひびが入ってしまっているのです。

このような人は、どんなに愛を注いでもらってもひび割れ部分からどんどん愛が漏れていきます。彼から「愛しているよ」「デートに行こう」などと言ってもらった瞬間は満たされても、**時間が経つとすぐに空っぽになる**のです。

恋人と常に連絡をとったり会ったりしていたい恋愛依存のかたもいますが、それは心のコップがひび割れているから。すぐに愛が枯渇するため、常に補給し続けないといけないのです。

彼とうまくいくようになるには、まずは心のコップのひび割れを修理することが先決。ひび割れたままではどんなに彼があなたに愛情を注いでも、あなたの飢えは満たされません。永遠に満たされることはないのです。

この「心のコップの修理作業」が、自分に向き合うことであり、自分に意識を向けることです。

今まで無視し続けていた自分に意識を向け、自分と仲直りするための時間。これを

「自分集中タイム」と私は呼んでいます。

自分と仲直りして心のコップのひび割れが修理されると、周りの人からの愛も自分から自分への愛も、ためられるようになります。愛を感じることができるようになるのです。

幸せとは「できごと」だと思っている人が多いですが、実は、幸せとは「感じる」ことにほかなりません。彼からＬＩＮＥがきても、デートをしても、結婚しても、泣いてばかりいる人はたくさんいます。幸せはできごとではないのです。

気持ちが不安定な人に必要なのは、幸せを感じられる心を取り戻すことです。そして幸せを感じられる、自分という存在を大事にしなくてはなりません。

私が復縁活動をしていたとき、単に復縁マニュアルを見てその通りに行動していたときには心が満たされることはありませんでした。せっかく彼と会っている幸せなはずの時間に、自ら不安を見出してばかりでした。

でも、「人生は思った通りになる」の大前提を理解してからは、彼にばかり向いていた意識を自分に向けるようになりました。

彼と復縁してどんな感情を味わいたいのか。彼とやり直してどういう気持ちになりたいのか。どんな未来を彼と一緒に楽しみたいのか。

そのようなことをひたすら考えて自分に集中する日々を1カ月ほど過ごしたところ、毎日のあちこちに幸せがあるような、心があったかくなるような気分を感じられるようになりました。

3カ月も続けるとむやみに不安を感じることもなくなり、気持ちが安定してきました。ときどき不安になることもありましたが、そこからの回復や立ち直りが早いのです。そうやって気持ちが安定してくると、彼と会っている間も余計な心配をせずに楽しめるようになったのです。

しかも、うまくいっていなかった家族に対しても「愛されていたんだな」と気づくことができ、関係を修復することができました。

みなさんも、**まずは1週間、自分に集中**してみてください。

愛と幸せに満たされる！　心が整う２つのワーク

心のコップのひび割れを修理して自分と仲直りするための「自分集中タイム」。実際に私が実践し、さらに生徒さんにも効果があったやり方を紹介しますね。

まず、心を整えるためのマストのワークを２つ紹介します。１つは「**うれしかったこと・感謝したいことワーク**」、もう１つは「**本音ワーク**」です。

◎うれしかったこと・感謝したいことワーク

名前の通り、うれしかったことや感謝したいことを書き出すワークです。

気持ちが不安定な人は、足りないものや不満な部分ばかりに意識を向け、「私の人生にいいことなんかない」「毎日楽しいことなんか一つもない」と言います。

ですが、**本当は、愛はいたるところにあります。ただ気づいていないだけ、感じられていないだけ**なのです。

毎日寝る前に、その日にあったうれしかったことや感謝したいことを3つでいいので書き出してみてください。

彼がしてくれたことでもいいですし、職場の同僚から言われてうれしかったことでも、通勤途中に起きたことでもかまいません。立派なことを書く必要はありません。「ランチがおいしかった」「お風呂に入ってポカポカになった」「今日生きられてよかった」など、なんでもOKです。

頭の中で思い浮かべるだけでも効果はありますが、理想は、手帳やノートなどに手書きすることです。お店へ行ってお気に入りのノートやペンを探してみるとテンションも上がります。自分へのプレゼントとして素敵なものを用意することは、自分を愛することにもつながります。

なお、スマホのメモ機能や日記アプリなどではダメとは言いませんが、スマホを使うと途中で他のアプリの通知が表示されるなど、気が散りやすいのであまりおすすめしません。

1日せいぜい3分程度でできる簡単なワークですが、効果は絶大です。というより、これを続けないと病みやすくなると私自身が感じています。翌朝、前の晩に書いた内容に目を通してから出勤すると、満たされた気持ちで1日を始められます。

◎本音ワーク

イライラしたりモヤモヤしたり不安になったりしたとき、それをそのまま書き出すワークです。書き出した後、「悲しいって感じたよね」「悔しかったよね」「不安だよね」など、親友になったつもりで自分の気持ちに共感する声かけも書き添えてください。

このワークは毎日しなければ効果がないものではなく、書きたい内容があったときに取り組むだけでも大丈夫。週末など時間があるときにゆっくり取り組むのもよいです。

これまで彼にぶつけて発散していたような内容を、これからはノートに書いて自分の気持ちを抱きしめてあげてください。恋人はあなたが言ってほしいことを言ってくれるとは限りませんが、自分なら言ってあげられます。

誰かに愚痴を言いたくなったとき、不安な気持ちをぶつけたくなったときには、ぜひこのワークをやってみてください。

これは**ありのままの自分を認め、受容するためのワーク**なのです。

なお、日本語の歌詞がある音楽を聞きながらこれらのワークに取り組むのはやめておきましょう。歌詞やメロディーに気持ちを持っていかれやすいからです。

このワークに取り組む間、あくまで気持ちはフラットに。

どうしても何か聞きたいなら、クラシックやカフェミュージックなど、歌詞のない曲を選んでください。

また、「こんなワークをやってなんの意味があるの？」「どうせ効果なんてないよ」と思ってしまう人もいます。

そう感じる自分を否定する必要はありません。

「こんなのを書く意味がないように思う」「どうせうまくいかないと思う」など、**ありのままの気持ちを映し鏡のように書けばいい**のです。

ワークに正解も不正解もありません。**わからないなりにやろうとしていることが自分を愛する**ことにつながりますし、チャレンジすること自体に意味も効果もあるのです。

欲しい未来を引き寄せる！すらすら願いが叶う3つのワーク

紹介した2つのワークのほかに、余裕があれば状況に応じて取り組んでみてほしいワークを、さらに3つ紹介します。

「ＯＫワーク」「メモリーワーク」「ウィッシュリスト１００」です。

◎ＯＫワーク

自分自身でダメだと思っているところや直さないと愛されないと思っていることを書き出し、そんな自分を許していくワークです。

箇条書きにした自分のダメなところの横や下に、「それでも〇〇でよい」など、許しの言葉を書いていきます。例を挙げると、「気持ちが落ち込んで不安定になる」

↓「それでも愛されていい！」「気持ちが落ち込んで不安定になっても大丈夫！」という具合です。

この作業をするうちに、あなたの中にあるブロックや思い込みが少しずつ解けていきます。続けていくうちに、**どんな自分でも大丈夫**だと、だんだんと感覚的にわかってくるはずです。

◎メモリーワーク

自分に自信がない人や、「私にはできない」と強い無力感を抱いている人におすすめしたいワークです。

生まれたときから今のあなたに至るまでにできるようになったことを思いつく限り挙げてみてください。「歩けるようになった」「しゃべれるようになった」「字が書けるようになった」「九九を覚えた」など、ちょっとしたことでも1つずつ書き出してください。「フリック入力ができるようになった」「一人で外食できるようになった」など、最近できるようになったことでもＯＫです。

このワークをすると、「私はできるんだった」と思い出せます。心理学で言うところの**「自己効力感」を取り戻せるの**です。

ウィッシュリスト100

あなたが望むものを100個書き出してみるワークです。

「彼とハワイで挙式」「彼と熱海へ温泉旅行」「プロポーズされる」「3キロ体重が減る」「シャネルのネックレスを買う」「年収1000万」など、順番やジャンルなどは気にせず思いつくままにどんどん書き出していきましょう。

やってみるとわかりますが、100個書き出すのは、実はかなり難しいです。それでもやってみてほしいのは、無限に望んでいいことを自分に許すためのワークだからです。ここに書き出した内容に「できる、できない」のジャッジは一切いりません。あなたの気持ちの赴くまま、思いっきり望んでいいのです。書き出しているうちにワクワクした気持ちになってきたら大成功です。どうしても難しかったら、100個書き出せなくても大丈夫。まずは、できるところまでやってみてください。

このワークに取り組むのは年始などの節目の時期がおすすめです。私も毎年やっていますが、後から振り返ると1年以内にいくつも実現していることに驚きます。感情のままに放った願いは、その通りの現実を引き寄せてくれるのです。

ここまでで紹介した5つのワークに取り組む時間帯は「夜」がおすすめです。なぜなら、夜は不安な気持ちになりやすいから。その不安な気持ちに任せて衝動的に行動してしまうとろくなことがありません。

毎日取り組む「うれしかったこと・感謝したいことワーク」は、**寝る前に取り組むことでほっこりした気持ちになれて寝つきもよくなります**。恋愛に悩むと、不安な妄想が爆発したり彼のＳＮＳが気になって寝られなかったりすることもあるかもしれませんが、そのようなときこそ意識のベクトルを自分に向け直しましょう。「また彼のことを考えてしまった。私はなんてダメな人間なんだ」と考えるのではなく、このワークをすることで、**何度でも「そうそう、そうだった！」と、「人生は思った通り」になることを思い出して**ください。

苦しくなったら、あなたの推しに手伝ってもらおう

ワークに取り組んでいる途中、明るい未来を思い浮かべることができなくなったり、不安に飲み込まれたりしそうになることもあるかもしれません。

そんなときはあなたの頭の中に王子様を召喚してみましょう。

王子様とはあなたにとって憧れの人、大好きな人、尊敬する人、こうなりたいと思うような人のことです。あなたが推しているアイドルや芸能人、憧れの女優さんやモデルさん、尊敬している人、愛するペット、漫画やアニメのキャラクターでもいいです。

苦しくなったら、その人たちがあなたにどのような言葉をかけてくれるかを想像し

てみてください。たとえば、本音ワークをやっていて自分にかける優しい言葉を思いつかなくなったとき、「推しならなんて言ってくれるかな？」と想像するのです。あなたを責めるようなことは決して言わないはずです。

不安が強い生徒さんも、「芸能人で誰が好きなの？　その人ならなんて言ってくれると思う？」と尋ねると、それまで絶望のどん底にいるような顔をしていた人が急にニヤニヤし始め、「え～～♡『大丈夫だよ』って言ってくれると思う！」などと前向きな発言をするように、推しの力は絶大です。

推しの言葉とは言っても、それはあなたの頭の中で生み出された言葉であり、まぎれもないあなたが自分自身にかけている言葉なのですよ。

王子様や推しを召喚する形で半ば強制的に客観的になれているだけで、本当はあなたの中にはいつもあなたを応援してくれる自分がいるのです。その存在こそ、実はあなたにゲキを飛ばし続けてきたスパルタ鬼コーチが、あなたの応援団に変わった姿なのです。

よい恋愛のイメージを持てない人は、昔好きだった恋愛漫画や恋愛ドラマ、アニメの中の好きなカップルや憧れる関係を思い浮かべてみるのも効果的です。自然と顔がにやけてくるはずです。

そのような明るく幸せなイメージとエネルギーに、現実が引き寄せられてきます。

不安な気持ちや後ろ向きな考えを吹き飛ばしたいときは、芸人さんのギャグの力を借りるのもおすすめです。

私が愛用しているのは、小島よしおさんやなかやまきんに君さんのギャグです。

「もう彼に新しい恋人がいるかも」「うまくいかないかもしれない」など、生徒さんが不安になったとき、「でも、そんなの関係ねぇ！」と私はしょっちゅう言っています。

「前も彼は○○だったし」など、過去を振り返ってクヨクヨし始めたら、小島よしおさんのように「前・前・前」と言って、ツッコみます。

「彼とやり直したい」とさんざん言っていたのに、「やっぱり怖い」などと言い始めたら「彼とやり直したいの、やり直したくないの、どっちなんだーい？」と言います。

そうするとだいたい笑顔がこぼれ、悩んでいるのがバカらしくなってきます。

あなた一人でノートに向かっているときも、同じように自分で自分にツッコミを入れ、そのツッコミさえもノートに書き込んでしまいましょう。**不安な気持ちは笑いで吹き飛ばすのが一番**です。

あるいは、「そう思ったらそうなっちゃうんだった、危ない、危ない！」と、思考を修正するのもおすすめですよ。

どんどん心が満たされていく手帳術

こういったワークを紹介すると、

「ワークを書き込むのはノートがいいですか、それとも手帳がいいですか」

「ワークごとにノートを分けたほうがいいですか、それとも1冊にまとめたほうがいいですか」

という質問をいただきます。

ノートでも手帳でも、分けてもまとめても、あなたが好きな方法で取り組んで大丈夫です。**あなたが続けやすい方法が一番**です。

「ワークをしないと愛されない」「必ず毎日やらなきゃうまくいかない」と思い込んでしまう人もいますが、メソッドを使いこなすのはあなた自身です。**メソッドに使われてしまっては本末転倒**です。

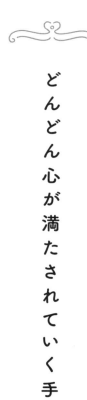

このことを前提にしていただきつつ、私が復縁活動中に行っていた、手帳を使った方法を紹介します。このやり方をベースにあなたのやりやすいようにアレンジしていってくださいね。

手帳を開いて左ページに1週間のウィークリー、右ページがフリースペースになっている手帳を使うと便利です。

左側のウィークリー欄には毎日の「うれしかったこと・感謝したいことワーク」の内容を書き込みます。書けた日にはマンスリーページの日ごとに可愛いシールを貼ったりスタンプを押したりすると達成感があり、続けるモチベーションになりますよ。

ウィークリー欄の隣の右のフリースペースには、週末にその1週間の振り返りを書き込みます。振り返るからには、週のはじめに目標を立てることが必要です。というのも、悩みごとがあるときは余計なことを考えて病んでしまうものなので、**目的意識を持って毎日を過ごしてほしい**のです。

1週間の目標は、「毎日自分集中タイムを確保する」「職場で元気に挨拶する」など、気軽にできることで大丈夫です。私の場合は、「『自分を大切にするとはどういうことか』を考える」を目標として立てたこともありました。当時の私は、自分を大切にすることがわからなかったのです。

週末の振り返りのタイミングでは、1週間チャレンジしてみてどんなふうに感じたか、自分がどう変化したかなどの感想を書いてください。

「毎日はできなかった。こんな自分じゃ復縁なんてできるわけがない」などと自分を責める材料にするのではなく、あくまで自分を観察して気づいたことを書けばいいだけです。

それをもとに、「毎日は書けなかったけど、3日は書けた。来週はもう少し書きたい」「書いた日は寝つきがよかったような気がするから、来週も続けたい」など、次の週につなげられると理想的です。

なお、スケジュール帳に新月や満月といった月の満ち欠けや、大安や仏滅などの六曜が記載されていることもあります。また、一粒万倍日や天赦日など、縁起のいい日とそうでない日を気にしている人もいるかもしれません。

このような月の満ち欠けや縁起などは、自分をご機嫌に保つためのよい言い訳や、自分を後押しする理由としてうまく活用させてもらいましょう。

例を挙げると「今日はなんだか気分が落ち込んでしまうけどたぶん満月だからだな」「今日は一粒万倍日だから、欲しかったお洋服を買っちゃお♪」などです。

うまくいかないときやダメな行動をしてしまったとき、「だから私はダメなんだ」と、ここぞとばかりに自分責めの材料にしてしまうかたは少なくありませんが、そんなときは星のせいにさせてもらっちゃいましょう。

人生に起こることは、なんでもあなたの都合のいいように解釈していいんです。

毎日ご機嫌で過ごしちゃいましょう！

復縁活動中のSNSとの向き合い方

「自分集中タイム」の大敵があります。スマホやSNSです。

特に、気分が落ち込んでいるときのネット検索ほど無意味なものはありません。わざわざ不安になる情報を集めにいくようなものです。

また、SNSやアプリの通知を常にオンにしている人は要注意です。ひっきりなしにスマホがピコンピコン鳴っていれば気になるのは当たり前ですから、**必要なもの以外は通知をオフ**にすることをおすすめします。

また、特に動画アプリを眺めていると数時間が簡単に溶けていくように過ぎ去っていきます。スマホで何かを見るときは「デートに着ていく服を注文しよう」「デート場所を調べよう」など、目的を持って利用するようにしましょう。**SNSやインターネットに使われるのではなく、あなたがうまく使う**のです。

恋愛に悩んでいる人は、恋愛に関するアドバイスをしているアカウントを軒並みフォローし、情報をくまなくチェックしがちです。しかし、どのアカウントも言っていることやおすすめしていることはバラバラ。「いったい何が正解なの？」と混乱し、自分のできていない部分や足りない部分ばかりに目がいき、不安な気持ちになってしまいます。

そこで、復縁活動中は**フォローするアカウントを1～3つ程度に絞ってください。なおかつ、自分が元気になれるような発信内容のものに限定**しましょう。

寝られない夜、彼のSNSや彼のフォロワーの発信内容をすべてチェックして彼の行動や新しい彼女の影をチェックすることを習慣にしている人もいます。まるで探偵のようですが、そんなことをしても悪い妄想が膨らむばかりです。

「彼が新しい女の影を匂わせてくるんです」と私に訴える生徒さんもいますが、その匂いをわざわざ嗅ぎにいっているのは誰でしょうか。**嗅ぎたくない匂いなど、嗅ぎにいかなければよい**のです。

不安な気持ちが湧き上がってきたり彼のことが気になって自分に集中できなくなったりしたら、彼のSNSを覗きにいくのをやめて、あなたが信頼している1〜3つの恋愛アカウントや憧れる人のYouTubeなどを見ましょう。

その人が発信している価値観や考え方、ライフスタイルを吸収してあなたの中にインストールしていくのです。お気に入りの本を読むのもいいですね（この本をお守りがわりにしてくれたらうれしいです♡）。

気持ちが不安定な人の中には、家族や職場、友人関係などがネガティブなものであり、それに影響を受けてしまっている人もいます。

周囲の環境を変えるのはなかなか難しいですが、今はインターネットでどんな世界ともつながることができます。あなたの目指す世界観を発信しているアカウントやYouTubeを見て、その考え方や価値観に浸れば、**オンラインを通じて自分の環境を変えられます。**

私の生徒さんには、私のオンラインサロンを通じてこの本でお伝えしているような考え方をたくさん吸収してもらっていますが、それをきちんと続けた人で前向きになれなかった人は一人もいません。

早い人だと1週間程度で「なんか幸せかも」「毎日が楽しくなってきました」と報告してくれる人もいます。

SNSやインターネットは使い方によってはメンヘラを加速させるものになりますが、うまく活用できればオンラインを通じて環境を変え、**なりたい自分になることを後押ししてくれる**強力なツールです。

ぜひうまく使ってください。

幸せな気持ちになれる1日の過ごし方

幸せな恋と人生を引き寄せる1日の過ごし方を紹介します。１２２ページの「○」は理想的な過ごし方、「×」はメンヘラちゃんがやりがちなパターンです。

ご自身の1日の過ごし方を思い出しながら、どちらのパターンにあてはまるかをチェックしてみてください。

朝

アラーム1回ですぐに起きる	スヌーズ機能を使ってなかなか起きない
起き上がったら布団を軽く畳む	布団をぐちゃぐちゃなまま放置
クラシック音楽を聞くなど明るい気持ちになれるものに触れる	スマホやテレビで悪いニュースやネガティブな情報に触れる
寝る前に書いた「うれしかったこと・感謝したいことワーク」の内容に目を通す	慌ただしく家を出る

出勤中～仕事中

お気に入りの曲や明るい曲を聞いて気持ちを前向きにする	「仕事に行きたくないなぁ」と考えたり「○○になったらどうしよう」と悪い妄想をしたりする
職場の人に自分から笑顔で元気に挨拶する	無言で出勤
「今日は鮭おにぎりを食べる」「今日は定時であがる」などのミニ引き寄せ実験をする	何も考えずに受け身で過ごす
「自分に集中」と書いた付箋を仕事道具に貼って何回も見る	職場の人の悪口や噂話などに参加する
無理だと思ったら仕事を断ったり休んだりする	限界がきて体調を崩すまで働く

終業後～夜

お気に入りの音楽を聞きながら帰る	その日にあった嫌なことや失敗したことを思い浮かべながら帰る
イライラしたりモヤモヤしたりしたことは「本音ワーク」で解消する	愚痴やストレスを家族や友人や恋人にそのままぶつける
浴槽にゆっくりつかってハッピーな妄想をする	シャワーだけで入浴をすませる
寝る前に「うれしかったこと・感謝したいことワーク」に取り組む	延々とSNSを見たりネットサーフィンをしたりする
寝られないときはお気に入りの恋愛アカウントや憧れの人の発信を見る	彼のSNSや彼のフォロワーの発信を徹底的にチェックする

◎朝のポイント

起きた後に布団を整えると、それだけで1日を気持ちよく過ごせます。私も以前はぐちゃぐちゃなままにしていましたが、帰宅して乱れたベッドを見るとさらに気分が落ち込みました。簡単でもいいのでベッドメイクをしてから出勤するのをおすすめします。

また、朝から悲しいニュースや芸能人の不倫といったネガティブな情報に触れると、爽やかな気分が台無しになります。家族と同居している人で勝手にテレビを消すことが難しい場合は、イヤホンでクラシック音楽を聞くのがおすすめです。

◎出勤中～仕事中のポイント

笑顔で元気に挨拶をするのは、周りの人に愛をプレゼントする行為です。復縁活動中の私は職場の警備員さんにも毎日笑顔で挨拶していました。相手から挨拶が返ってこなくても気にすることはありません。

「今日は鮭おにぎりを食べる」「今日は定時であがる」などをあらかじめ決めてから1日を過ごし、その通りにできたらミニ引き寄せ実験は成功です。「無理やり残業させられる」などと言う人もいますが、「残業をする」と自分で決めたタイミングが必ずあるはずです。**人生は自分が決めた通り**になります。

頼まれた仕事や残業を断れない人も多いですが、そのような人の中には「いい人でいなければ」「みんなと仲良くしなくてはいけない」などの思い込みがあることが多いです。「自分を大事にしてくれる人を大事にする」「自分が好きな人と仲良くする」などと決め直してみましょう。**自分の中のブロックや思い込みに気づいたら、あなたの都合のいい内容に上書き**すればいいのです。

◎終業後～夜のポイント

その日にあった悲しかったことや嫌なことについて、恋人や友人に愚痴を言ってスッキリしている人もいるでしょう。しかし、**ストレスのはけ口にされた相手はたまっ**

たものではありません。本音ワークで消化するのが理想ですが、どうしても誰かに話したいときは、まずは自分の中で整理をして自分なりの答えを出してから話すようにしましょう。そうすれば「学びのシェア」として受け取ってもらえ、相手も嫌な思いをせずにすみます。

1日の終わりの入浴はシャワーだけですますのではなく、できればゆっくり浴槽につかってリラックスしてください。お湯につかると心身が緩み、素直な気持ちや欲求をキャッチしやすくなります。彼とのデートを想像するなど、ハッピーな妄想をしながら過ごしましょう。

ちなみに、私は「久しぶりに彼に会ったときになんて言おうかな」と考えて、実際に声に出して練習していました。家族と同居していたため、浴室という密室だからこそできたことです。

繰り返しになりますが、メンヘラちゃんは暇があると病みます。

1日の折々で「この時間帯は〇〇をする」の目的意識を持って過ごすことで、ダラダラと恋愛アカウントを見たり、彼のＳＮＳを見て探偵の真似事をしたりせずにすみます。

彼に意識を向けるよりも「自分に集中」。それが最優先です。

泣いても病んでも、3カ月で変われる

新しい習慣が身につくのには3週間、潜在意識が書き換わるのにはだいたい3カ月かかると言われています。

「自分集中タイム」をつくることでネガティブな思い込みをポジティブなものに上書きしたり、頭の中のスパルタ鬼コーチを自分の応援団に変えていったりするのにも多少の時間はかかりますが、1週間試してみれば必ず効果は感じられます。

1カ月続ければ「なんだか毎日が楽しい」「なんだか幸せな気がする」と自分の確実な変化を感じることでしょう。3カ月続ければ、かなり気持ちが安定してくるはずです。

ちなみに、「彼に連絡しても大丈夫かなという疑問が頭に浮かんでくる時点で連絡するのは時期尚早」とお話ししましたが、私の生徒さんが実際に彼に連絡するのは3カ月くらい経ってからのことが多いです。

とはいえ、たまには気分が落ち込んだり悲しくなったりすることは必ずあります。それは健康的なメンタルの人も一緒です。

そのようなときは無理をせず、「今日は思いっきり休もう」と1日ダラダラして過ごすことも必要です。「ダラダラしちゃった……」「ワークができなかった。私ってやっぱりダメな人間なんだ……」と休んだことを自分責めの材料に使うのではなく、「今日は休みたかったからしっかり休んだんだよね！」と、**自分を大事にできたことに自信を持ってください。**

「病むと寝込んじゃって戻ってこられないんです」と話す人もいますが、実際にどれだけ病み続けられるか、ぜひ実験してみましょう。

1週間も寝込んだら飽きてきて行動したくなってくると思いますよ。意外と、**病む**

のは飽きるのです。

実際、私が彼に振られて最大級に落ち込んだときも寝込んで会社を休みましたが、1週間後には復活することができました。逆に、無理して出社して職場で泣いてしまったと話す生徒さんもいます。そこまで自分を追い詰めるのではなく、無理かもと思ったら、自分をいたわるために時間を使ってください。

病みたいときは病んでいいし、寝込みたいときは寝込んだっていいのです。

ただし、**その状態が1カ月以上続く場合はメンタル疾患の可能性もありますので、病院を受診したほうがいい**です（私も心療内科に通っていた時期があります）。

なお、心と体はつながっているので、体の状態が不安を生むことがあります。

次のようなことに気をつけると不安を予防しやすいです。

- 冷たいものではなく温かいものを飲む
- 体を温めるために入浴時はお湯にしっかりつかる
- 猫背をやめて背筋を伸ばす

また、ちょっと気分が落ち込んできたなと思ったときは、次の方法を試してみてください。症状が軽ければこれだけで復活することもあります。

・下に向いている目線を上に向けてみる
・真顔をやめ、眉間のシワを伸ばして笑顔をつくってみる
・スキップしてみる

恋愛に悩んでいると、つい笑顔が減ってしまうもの。さらに病んでくると目線が下を向いてうつむきがちになり、表情がなくなったり眉間にシワが寄ったりしがちなので、それを無理にでも変えてみましょう。**体の変化につられて心も前向きに変わってくれます**。

スキップするのも非常に効果的です。私はよく「スキップしながら病めるなら病んでみろ」と言うのですが、ぜひみなさんもスキップをしながら「つらい—!」と言ってみてください。おそらく、「いったい私は何をやっているんだ?」と、だんだん笑えてくるはずです。**心と体はつながっている**のです。

CHAPTER

4

ずるいくらい愛されて
毎日がうまくいく
魔法のコミュニケーション

〜彼と一生両想いでいるための
10のレッスン〜

恋愛テクニックは毒。それよりもっと大切なこと

「ミステリアスな女がモテると聞いたから、自分のことをあんまり話さないようにしていたら『よくわからん』って言われて振られちゃいました」

「すぐに返信しちゃいけないと書いてあったから『ご飯行こう』とＬＩＮＥがきたけど３日放置しています」

恋愛テクニックを鵜呑みにして恋がうまくいかない人はたくさんいます。

テクニックに走るのは、自分に自信がないからです。

自分ではない別の誰かが言った通りに行動すればうまくいくと思い込んでいるのだと思いますが、「人生は思った通りになる」の法則で考えると、「今の自分のままでは

うまくいかない」との深層心理が現実化してしまうので、結局うまくいきません。

冒頭に挙げた例も、自分の頭で考えずにテクニックに使われてしまった結果です。「よくわからない」が魅力ではなく不信感につながっては意味がないし、連絡したのに返事もこないような女性と付き合いたいと思う男性がいるわけがありませんよね。自分を信じていない人が恋愛テクニックを使ったところで、意味がないのです。

仮に、どこかで仕入れてきた恋愛テクニックが功を奏して彼と付き合えたとしましょう。ところが「うまくいったのはテクニックのおかげであって、本当の私を見て好きになってくれたわけじゃない」などと、メンヘラちゃんは新たな不安の種にしてしまいます。彼に対して疑いの気持ちを持ち続けたままで恋がうまくいくわけはありませんよね。

そもそも、テクニックとは「相手をコントロールしたい」との欲求から生まれるもの。夜のご商売の女性がテクニックを使いこなして男性客の心を摑むのはわかります。

しかし、彼と本当に信頼関係を築いて幸せになりたいのであれば、**相手をコントロールしたい気持ちは手放す必要があります。**

恋愛テクニックに頼りたくなる気持ちもよくわかります。復縁活動の初期には私もテクニックを駆使していました。

でも、**一番いいのは、あなた自身の気持ちにまっすぐでいること**です。自分のことを話したいのなら話せばいいし、ご飯に誘ってもらってうれしかったら「うれしい、ありがとう」と伝えればいいのです。

「テクニックを学べば彼が変わってくれる」「言い方一つで彼が自分の思い通りになる」と思い込むのは、残念ながら間違いです。

小手先のテクニックを変えたところであなた自身の内側が変わっていなければ、彼も現実も、何も変わりません。

そういう意味では、**テクニックは毒**だと私は思います。

あくまであなたの内側が変わった結果として、あなたの言い方が変わらなければ意味がないのです。

テクニックなんて使わなくて大丈夫。誰かの真似なんてしなくて大丈夫。自分集中タイムを大事にしてきたあなたなら、彼とのコミュニケーションは自然と変わってきます。

テクニックを使おうなんて思わず、あなたのまっすぐな思いを彼に届ければいいだけです。それだけで、ずるいくらいモテます（笑）。

「私なら絶対大丈夫」「不安もあるけど……でも、うまくいっちゃうもんね！」と前向きな思いを世界に放つことで、あなたの望む理想の未来が近づいてきますよ。

１３７ページからは、大好きな彼の大切な人になって、一生両想いでいるためのコミュニケーションについて考えていきます。

答えを鵜呑みにするのではなく、「自分ならどうするかな？」「どんな言い方をすればいいかな？」と考えながら読んでくださいね。

きちんと咀嚼して身につけたあかつきには、彼との関係が魔法みたいにうまくいっちゃうこと間違いなしです！

LESSON 1

「彼に久しぶりの連絡。なんてＬＩＮＥしよっかな？」

「彼に連絡しちゃお♪」「今の私なら絶対大丈夫！」と思えたタイミングでいつでも彼に連絡してＯＫなのですが、送る内容は工夫したほうがいいかもしれません。

よくあるのが、久しぶりの連絡でいきなり「元気？」と一言だけ送ることです。突然そんなＬＩＮＥをもらっても、彼は「急に何？」と不信感を抱いてしまい、それ以上話が弾みません。

海外のような「ハウアーユー？」の文化は日本にはありません。連絡するからには目的をきちんと伝えてあげたほうが彼からの返信率はぐっと高くなります。

返事しにくいＬＩＮＥを送っておいて「彼から返事がこない。嫌われているんだ」

「冷たい返事がきた、もうダメだ」と絶望して自己完結してしまう人もいますが、まずは落ち着いて「**彼が返信しやすい内容を送れているかな？**」と、振り返ってみましょう。

彼が返信しやすい内容とはいったいどのようなものでしょうか。

たとえば、**共通で楽しめる話題**です。趣味や好きなアーティスト、番組、漫画のことなどでもいいですね。職場が一緒だった人なら、仕事の話でもいいでしょう。

復縁活動中の生徒さんの中には、何を連絡していいかわからないと悩む人もいらっしゃいます。しかし、過去に彼と付き合っていたのなら、何かしら共通の話題は必ずあるはずです。よく思い出してみてください。

さらに、**疑問形や質問にするのもおすすめ**です。返事をする理由ができるので、返信率は相当高まります。

ただし、悩みを打ち明けてアドバイスや意見をもらうような重いトーンはやめておきましょう。あくまで軽いトーンで、たとえば「仕事で○○について勉強しているんだけど、詳しかったよね？　ちょっと教えてくれたらうれしいな」のように、前向きな雰囲気にしてください。

また、デートや食事に誘うことが目的なら、ずばり単刀直入にその目的を伝えましょう。「元気？　久しぶりだね。あなたが好きなカルボナーラがおいしいお店を友達に教えてもらったの。よかったら一緒に食べに行かない？」といった具合です。

連絡するからにはなんらかの目的があるはずです。その目的を後出しにせず、最初から示してしまうのです。

「彼から誘ってほしい」と主張する人もいますが、デートという目的が達成できるのなら、自分から誘っても彼から誘われてもどちらでもいいと私は考えます。そこは復縁の成否に影響しませんのでご安心ください。

彼に誘ってもらうことにこだわり、せっかくのチャンスを逃してしまうほうがよほどもったいないです。

いずれにせよ、一方的に送った連絡で自己完結するのではなく、**会話のキャッチボールになるような連絡内容を意識する**ことがポイントです。

返信しやすい内容を考え、一緒に会話を楽しむことは、相手への愛ですよ。

〇…共通で楽しめる話題に関して、疑問形や質問の形で送る

×…「元気？」と一言だけ送る

LESSON 2

「返事がこない……」

彼にＬＩＮＥを送ったのになかなか返事がこない。
こんなとき、あなたならどうしますか？

「既読スルーされた」「未読スルーされた」と嘆く人はわんさかいます。
彼から返事がこないのは悲しいですよね。
でも、ここは一つ冷静に考えてみましょう。
彼が既読スルーしている、未読スルーしている証拠はどこにもないのです。

「既読スルー」「未読スルー」という言葉は罪深いものです。このような言葉がなかった時代にはこんな悩みもなかったはずです。

メールでのやりとりだけだったときは、「彼から返事がこない」という同じ現実を前にしても、単に「まだ返事がきていない」としか思わなかったはずです。

実際、彼がいつ返事をくれるかはこちらにはわかりようがありません。単純に気づいていないだけかもしれないし、今ちょうど返事を打っているところかもしれません。仕事をしていて取込み中の可能性もありますね。

にもかかわらず、自分の望むタイミングで返事がこないことに勝手に傷ついて勝手に怒り、「なんで返事をくれないの？」などと責めるようなＬＩＮＥを送ったりスタンプを何十個、あるいは何百個も連打したりしてしまうかたもいます（過去の私のことです）。

彼からなかなか返事がこないときこそ、「人生は思い通りになる」「そう思ったら、そう！」を思い出してください。

あなたが「未読スルーされた。どうせ私のことが嫌いなんだ」と思い込んでしまったら、その通りの現実を未来にポチッと注文してしまうことになります。

ここまで読んでくださったかたなら、それが賢いやり方でないことは十分におわかりですよね。

では、どのように考えればいいと思いますか？　ちょっと考えてみてください。

もし私が同じ立場だったら、「忙しいのかな？　ま、そのうち返事がくるでしょ♪」と考え、スマホをそこらへんにポイッとしておきます。そして本を読んだり、お買い物に行ったりと、**自分が好きなことをして過ごします**。

このように明るく軽やかなエネルギーを世界に放っていれば、そのうち彼から返事はきます。私の経験上、そうならなかったことはありません。

ちなみに、彼とすでに会う約束をしていて、具体的に日時を決めるやりとりをしている途中で返信が途絶えてしまった場合は、淡々と「一緒に行くって話してた○○の件だけど、私は○日と△日が空いてるよ。あなたの都合はどう？　お店の予約をしたいので教えてくれたらうれしいな」などとこちらから送ります。

一般的に考えて、スケジュール調整は単なる確認事項です。深く考えずに送ってしまって大丈夫です。

「連投したら鬱陶しいって思われるかも」などと考える必要はまったくありません。「そう思ったら、そう！」ですよ。**「鬱陶しいと思われるかも」なんて考える前にさっさと連絡してしまえばいい**のです。

仕事上の関係や友達とのやりとりにおいても、確認事項はちゃんと連絡しますよね。恋愛でも同じように振る舞えばよいだけです。

恋愛とそれ以外のコミュニケーションを分けて考える必要はないのです。

○…自分が好きなことをして過ごす

×…「既読スルー」「未読スルー」されたと嘆く

LESSON 3

「〇〇してほしい」

あなたの要望を彼に伝えるとき、どんなふうに言っているでしょうか？

「え？『〇〇して』って言ってるけど……何か問題でも？」と思ったかたもいらっしゃるでしょう。

いえ、本当にそう伝えているのであれば何も問題はありません。

しかし、**メンヘラちゃんの多くは「なんで〇〇してくれないの？」という言い方**をしています。「やばい、言っちゃってるかも」と思ったかたもいらっしゃるかもしれませんね。

なぜこのような言い方をしてしまうのでしょうか。

それは、自分が相手から否定されているように感じているからです。

例えば、ＬＩＮＥの返事がこないとき。

「なんで返事してくれないの？」と言いがちですが、背景には**「どうして私をないがしろにするの？」との感情があります。**

このような切迫した感情が内側から爆発するからこそ、「なんで○○してくれないの？」という言葉として表れるのです。


また、「いつもかわいそうな私」の感覚で生きていることも関係しています。

メンヘラちゃんは悲劇のヒロインの一人コントをしがちだとＣＨＡＰＴＥＲ１でお話ししました。**悲劇のヒロインでい続けるためには、常に相手が悪者**でなくてはなりません。

そのため、相手を加害者にするような言い方を無意識のうちにしてしまうのです。


ここでもう一つ思い出してみてほしいのですが、「なんで○○してくれないの？」とあなたが言うとき、彼はいつもどんな反応をしますか？

おそらく、紳士的な振る舞いをしてくれる人はなかなかいないのではないでしょうか。

というのも、このような言い方には相手を責めるニュアンスがあります。

あなたもこのように言われたら、困ったような、腹が立つような感覚になるのではないでしょうか。

彼にあなたの要望を伝えるときに適切なのは、**「○○してくれたらうれしい」と自分の気持ちをくっつける言い方**です。

「なんで○○してくれないの？」は相手が主語になっていますが、「○○してくれたらうれしい」はあなた自身が主語になっており、相手を責めるニュアンスはありません。

さらに感情もくっついているので、あなたが喜んでくれるイメージが相手の中にわきやすいのです。

とはいえ、何回要望を伝えてもそのようにしてくれなかったら、つい「なんで○○

してくれないの？」と言いたくなってしまいそうです。
「なんでいつも返信遅いの？」や「なんで最近『好き』って言ってくれないの？」など、何度伝えても相手が聞いてくれなかったら嫌な気持ちになるのも、とてもよくわかります。

そのようなときは、「相手があなたをイライラさせたり不安にさせたりしている」というよりは、「あなたが**自分で『イライラする』『不安になる』いう行為を選んでいる**」と考えると気持ちが楽になります。

いつだって**主導権はあなたが握っていい**のです。

何度冷静に伝えても頼んだことをやってくれない男性とは、あなたを大切にしてくれない男性です。

そんな人がどうしてあなたの目の前にいるのかというと、「人生は思った通りになる」の考え方でいえば、あなたがあなた自身を大切にしていないからかもしれません。
そもそも、大切にしてくれないような人と一緒にいることが自分を大切にする行為かどうかを振り返る必要もありそうです。

「彼が私を大事にしてくれない」と嘆く人は、彼にあれこれ言う前に、まずはあなた自身が自分を大事にできているか、考えてみましょう。

○…「○○してくれたらうれしい」と自分の気持ちをくっつけて言う
×…「なんで○○してくれないの?」と言う

LESSON 4

「よくしてもらって、なんだか悪いなぁ」

あなたがエレベーターを降りようとしたとき、一緒に乗っていた人が開くボタンを押して先に降ろしてくれた。

このようなとき、あなたはなんと言って降りているでしょうか？

何も言わずに降りる人もいるかもしれませんが、多くの人は「すみません」と言って降りていきます。

もちろんそれはマナー的に失礼な言葉でも間違った言葉でもありませんが、人生がうまくいく幸せな女性になりたいのであれば、別の言葉をおすすめします。

とっても簡単な言葉です。「ありがとう（ありがとうございます）」です。

なぜ「すみません」より「ありがとう」のほうがいいのでしょうか。

それは、「すみません」が謝る言葉であるのに対し、**「ありがとう」は相手の好意を受け取る、感謝の言葉**だからです。


人に親切にしてもらったとき、「なんだか悪いなぁ」と感じてしまうことがあるのは、私にも理解できます。

でも、実はそんなふうに思わなくて大丈夫なのです。

なぜなら、相手はそうしたくてしてくれているからです。であれば、その気持ちをありがたく受け取って、にっこりお礼を言えばいいのです。そうすれば、相手の親切がハッピーな形で昇華します。


「すみません」とあなたに謝られると、相手は「そんなつもりじゃないのにな」と残念な気持ちになり、決してうれしい気持ちにはなりません。

あなたも、よかれと思って相手のためにプレゼントを贈ったのに「悪いからいらない」と言われたら悲しくなりませんか？

せっかく一生懸命選んだのになぁと、残念な気持ちになるのではないでしょうか。

「すみません」「ごめんなさい」は、相手の好意を素直に受け取る気がないことを示す言葉です。要は、受け取り拒否です。

ただ、とても使い勝手のいい言葉なので、つい日常的に多用しがちです。

しかし、この言葉を使い続けていると、**相手の好意や親切、つまり人の愛情を受け取るのがどんどん苦手になっていきます。**

そんなことをせずに「ありがとう」と素直に受け取ったほうが、相手もあなたもお互いに幸せです。

彼から高価なものを買ってもらったり、プレゼントしてもらったりしたときも一緒です。

「こんなに高いもの、悪いよ〜〜」や「ごめんね〜」ではなく、「ありがとう！ うれしい！」と伝えましょう。

彼はあなたに喜んでほしいのです。笑顔が見たくてプレゼントをしているのであって、謝ってほしいわけではないのです。

相手の好意に対して「悪い」「申し訳ない」「私なんかが」と考えるのは一見謙虚なようで、実はせっかくの好意を受け取り拒否する、とても失礼な行為です。

受け取るのも、相手への愛なのです。

なお、**相手からの贈り物を受け取るのが苦しい人の心理には、お金に対するブロックがひそんでいる**ことがあります。

「お金を稼ぐのは大変」「お金は苦労した対価」などと思い込んでいると、相手にそんなに苦しい思いをさせてしまったことに申し訳ない気持ちがわいてきて、喜ぶ気持ちになれないのです。

その場合は、「どうしてこんなふうに感じちゃうんだろう？」と、自分集中タイムに、お金や贈り物に対するブロックがないかを考えてみるといいかもしれません。

○…にっこり笑って「ありがとう」と言う
×…「すみません」と遠慮する

LESSON 5

「私の言うことを聞いてくれない」

「彼が私の言うことを聞いてくれないんです」と訴える人がよくいます。

あなたの話を彼がまじめに聞いてくれなかったり、あなたがお願いしたことをやってくれなかったりと、いろいろなシチュエーションがありそうですね。

おそらく、ストレートに「聞いて」と言っても聞いてくれないから困っているのだと思いますが、あなたならこのようなとき、どうしますか……？

身に覚えがあるかたには少々耳が痛い話かもしれませんが、気持ちが不安定な人は、基本的に自分にしか興味がありません。いつも自分のことばかり考えています。だから自分の話ばかりします。「自分を無条件に受け入れてほしい」との気持ちが強いので、

彼の言っていることを聞いているようできちんと聞いておらず、自分のことばかり主

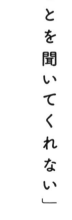

張しがちです。

でも、冷静に考えて、自分の話ばかりする人の話をしっかり聞きたいと思う人はなかなかいませんよね。職場などでも「あの人はいつも自分の話ばかりするから」と、周囲からあまりよく思われていない人はあちこちにいます。

ということは、彼が私の話を聞いてくれないと思うのなら、まずは**あなた自身が彼の話をちゃんと聞けているか**を振り返ってみたほうが早いかもしれません。

ちゃんと聞いているはずと思った人もいるかもしれませんが、大切なポイントがあります。それは、**相手の感情を受け取ってあげられているかどうか**です。

「頑張ったんだね」「しんどかったんだね」など、事実よりも相手の感情に寄り添ってあげると、相手は「話を聞いてもらえた」と心が満たされます。

それができれば、彼もあなたの話を聞く姿勢が少しずつできていくはずです。

また、具体的に何か要望がある場合はLESSON3の内容を参考にしてもらえればうまくいきやすいはずですが、「彼が私の言うことを聞いてくれないんです!」と思い詰めた表情で嘆く人の中には、「好きって言ってるのに付き合ってくれないんです」「別れたくないって言ってるのに別れようとしてくるんです」などと話す人もいます。

彼にも意見や言い分があります。あなたと付き合うかどうか、別れる別れないの決定権は彼にだってあります。

本来は対話したうえで決めるべきことを、どちらかが一方的に押しつけようとすると、二人の関係はなかなかうまくいきません。

別れる別れないの深刻なシチュエーション以外でも、ちょっとしたことで彼と意見が違ったときに大げさに悲しんだり腹を立てたりする人もいますが、「意見が合う、合わない」を「好き、嫌い」と直結させて考えないようにしましょう。

一人として同じ人間はいませんから、意見が違うのは当たり前。どちらかの意見が正しくて片方が間違っているなどということもありません。

双方の言い分があったうえで、二人の間をどうしていくかを話し合って決めるのが人間関係です。

「そういう考えもあるのか」「あなたはそう思うのね」と、相手の意見を冷静に受け止めることは、相手への信頼なくして成立しません。「いい、悪い」をジャッジせずに受け止められるのは、相手へのリスペクトの気持ちがあってこそ。

そして、それができるようになるには、あなた自身が自分を信頼している必要があります。

自分で自分を認める力や自分を肯定する力がなければ、本当の意味で他者を肯定することはできないのです。

そのためには、自分集中タイムを大事にして、本音ワークで自分に寄り添い、共感することを繰り返しましょう。

彼の意見を冷静に受け取ったうえで、その意見をどうしても受け入れられないと思えば、彼と一緒にいる意味があるかを考え直せばいいだけです。

大好きな彼とこれからもずっと一緒にいたいのなら、彼の意見をいちいちジャッジせず、「ということだけど、どうしようか？」と、**二人で対話することを大事にしてくださいね。**

○…彼の話の内容をジャッジせず、気持ちを受け取ってあげる

×…意見の違いに腹を立てたり悲しんだりする

LESSON 6

「もう別れたい。なんなら死にたい」

彼のありえない言動に対して絶望したり、怒りがピークに達したり。そういうことってありますよね（私も感情暴走タイプのヴァンパイア系メンヘラちゃんでしたから、よーくわかります）。

そんなとき、どのように振る舞えばいいか、見当はつくでしょうか？

答えをお伝えする前に、よくある例を紹介しますね。

怒髪天をつく勢いで怒ったり死にそうな顔をしたりして「もういい！」「もう別れる！」「死んでやる！」。私も昔はこのように激怒してそれをそのまま彼にぶつけていました。

でも、このように言ったからといって彼がしおらしく謝ってくれたり私の言うことを聞いてくれたりするようなことはほぼありませんでした。

なんなら彼も怒って、売り言葉に買い言葉となるばかりでした(泣)。

私の生徒さんの中にも、**「もう別れる!」と感情のままに彼に伝えたところ、本当に別れることになってしまい、後悔している人もいます**。メンヘラちゃんあるあるです。

このような言葉をぶつける人が本当に彼との関係を終わらせたいなんて思っていないことは、私はよくわかります。でも、このようなコミュニケーションがまずいことは、うすうすおわかりですよね。

なぜまずいのかといえば、伝えることを諦めているからです。コミュニケーションをとることから逃げているのです。

あなたの気持ちはきちんと言葉にしなければ、相手には伝わりません。彼とあなたはまったく違う人間。感じていることも価値観も違います。

察してほしいと思う人もいるかもしれませんが、そんな曖昧な方法に頼るよりも**言葉を使ったほうが１００倍確実**です。

よく「**コミュニケーションはキャッチボール**」と言われます。

ボールは気持ちで、私たちはお互いにそのボール（気持ち）を投げ合い、受け取り合って、コミュニケーションが成立しているのです。

しかし、そのボールが豪速球や変化球だったらどうなるでしょうか？

相手が取りこぼしてしまったり、ぶつかって怪我したりしてしまうかもしれません。**あなたが感情のままにぶつける言葉は、ボールでいえば豪速球や変化球のようなもの**です。彼がそれを受け取り損ねるのも無理のないことなのです。

にもかかわらず、「なんで受け取って（わかって）くれないの？」あるいは、かろうじて受け取ったとしても「キャッチの仕方が間違っている（そうじゃない）！」などと責められる相手はたまったものではありません。

相手にボール（気持ち）をきちんと受け取ってほしいのなら、受け取りやすいものを投げる必要があります。

彼の言動にかっときて、投げやりな言葉や相手をコントロールするような言葉をぶつけたくなったら、「私、豪速球や変化球を投げようとしちゃっているぞ」と考え、いったんは言葉を飲み込みましょう。そのまま投げても絶対に彼は受け取ってくれません。

LINEのやりとりの途中であれば、いったん返信するのをストップしましょう。電話の最中なら「今冷静になれないから、また後でかけ直すね」と伝え、切ればいいのです。

一緒にいる状態だったら「少し一人になりたいから」などと伝え、さっとその場を離れれば無駄な喧嘩をせずにすみます。

もちろん、ときには我慢できずに豪速球や変化球を投げつけてしまうこともあります。

そのようなときは、**落ち着いたタイミングで「やっちゃった、テヘッ」「ごめんね、メンヘラ出ちゃった!」と、素直に謝れば大丈夫**です。

○…いったん言葉を飲み込んで、落ち着いてから話す

×…「もういい!」「もう別れる!」「死んでやる!」

LESSON 7

「そんなことを言うなんて……」

あなたが気をつけて過ごしていても、彼のほうがメンヘラを爆発させてひどいことを言ってくることもあるかもしれません。

「もういい！」「もう別れる！」「他にもっといい男がいるでしょ」「他の人と付き合えば？」などと言ってきたりする男性もいます。

こんなとき、彼の言うことを真に受けて「どうしてそんなこと言うの？　ひどい！」「わかった、じゃあ出会いアプリをやるからいいよ！」などと言ってしまう人が大半かと思いますが、この返し方だと間違いなく喧嘩になります。

ポイントは**相手の駆け引きに乗らない**ことです。

彼は、本当はそんなことを言いたいわけでも言ってほしいわけでもなく、単に「自分の気持ちをわかってほしい」「自分の思い通りに動いてほしい」だけだからです。**あなたの反応を試しているの**です。メンヘラちゃんの場合は「自分が逆の立場だったら……」と考えると想像がつくはずです。

彼のメンヘラ行為にあなたも同じメンヘラ行為で返すと、永遠にすれ違い続けます。そこで、「**乱暴な言葉で私の気を引きたいくらい私のことが好きなのね**」と考えてスルーしてしまいましょう。

具体的には、「他の人と付き合えば？」と言われたら「いや、しょうがないじゃん、あなたのことが好きなんだから」や「心配ありがとね～」など、軽く受け流すのです。**ひねらずにストレートなあなたの思いを軽く返せばいい**だけです。

彼のメンヘラ言動に対して無駄に気持ちを振り回されないためには、**彼の言動の背景にあなたへの愛情がある**と想像してみましょう。

彼に何を言われても、すべて彼の愛情表現として受け取ってしまうのです。メンヘラ行為は発作やくしゃみのようなもの。そのときに発する言葉に深い意味はありません。

私もたまに夫から「うるせー、クソ」などと言われることがあります。以前はいちいち傷ついていましたが、今は気にしません。彼が本当に私のことを「クソ」と思っているわけではないことがわかっているからです。単に「メンヘラ発作が出てるな」と考え、「それぐらい私のことが好きなのね」と受け取っているので、それ以上イライラすることはありません。

とはいえ、公共の場で爆発されたり、他の人を巻き込む形で迷惑行為をしてきたりと、「これはちょっとやめてほしい」と思うこともあるかもしれません。

そのようなときは、その場ではとりあえず「ごめんごめん、わかったから」と、駄々をこねる子どもをあやすように彼をなだめ、30分ないし1時間など、彼の気持ちが落ち着いた頃を見計らって「そういえば、人目があるところでさっきみたいなことをするの、やめようよ」「あれはメンヘラ行為だよ、おわかり？」などと冷静に伝えています。

ただし怒ったように言うのではなく、「ああいうのホント困る〜」「すぐメンヘラになっちゃうんだからぁ」のように、**愛のお叱りとして伝える**のがポイントです。

メンヘラを自覚していない男性もいるので、やめてほしいことをきちんと言葉にするのは大切です。ただ、男の人は話し合いが嫌いな人がほとんどです。**「話し合おう」と言うと逃げ出すかまともに向き合ってはくれません**ので、あえて話し合いの場を設けるのではなく、メンヘラ行為をされた延長線上のタイミングで**「そういえば」という感じで伝えるのがポイント**です。あまり時間をおきすぎないことも重要です。

彼の気持ちが不安定で感情の波が激しいと、あなたが大人にならなければうまくいかないので「面倒くさい……」と思うようになるかもしれません。そう思ったら、その自分の気持ちを大切にして彼から離れてもよいのです。

残念ながら、メンヘラは完治することがありません。個性だからです。発作がなるべく出ないように生きていくしかないのです。

それでも彼のことが好きで一緒にいたいのなら、どうにか折り合う道を見つけましょう。

でも、そのためには、**彼の言動の背景すべてにあなたへの愛があることを決して忘れないで**くださいね。

○…駆け引きに乗らず、ストレートな気持ちを軽く返す

×…真に受けて感情的に言い返す

LESSON 8

「寂しい。不安。この気持ちを彼にわかってほしい」

人間ですから、ときにはたまらなく寂しい気持ちになったり、不安になったりすることもあります。恋人がいれば、そんな自分を相手に丸ごと受け入れてもらいたい気持ちになることもありますよね。

でも、**その気持ちをそのまま彼にぶつけるのは、あなたの不安を埋めるために彼を利用するようなもの**です。

自分で自分を満たせないから人に満たしてもらおうとするのがメンヘラちゃんだと説明しましたが、自分の不安を自分で解消できずに人に解消してもらおうとするのも一緒です。

では、寂しさや不安が押し寄せてきたときにどうしたらいいのでしょうか。

ここまで読み進めてくださったかたはすぐにわかるかもしれません。

そう、自分集中タイムです。寂しい気持ちや不安は、本音ワークで解消すればよいのです。

現実の彼にその思いをぶつけても、おそらくあなたが望むような反応は返ってきません。冷たくされたり、見当違いなこと言われたりして、ますます寂しくなったり、悲しくなったりすることが多いはずです。

でも、自分なら、自分が一番言ってほしいことを言ってあげられます（脳内に推しを召喚してもいいですしね！）。

「自分集中タイム」が習慣になると、「なんだ、自分で解消するのが一番早いじゃん」と気づくはずです。

人は思い通りに動きません。そういう意味では人には期待しないほうがいいのです。

でも、あなただけは何があってもあなたの味方です。

そもそも、誰かの反応次第で自分の幸せが決まるのはとっても不自由ですよね。あなたの幸せは自分で決めてよいのですし、自分を幸せにする行動をとればよいのです。

とはいえ、大好きな彼にちょっとだけ慰めてほしいときや、励ましてほしいときもあるかもしれません。

そのようなときは、CHAPTER3の「幸せな気持ちになれる1日の過ごし方」内の、「◎終業後～夜のポイント」でお話ししたように、まずは自分の中で整理をして自分なりの答えを出してから、「学びのシェア」として話すようにします。

その際、「今日つらいことがあったんだけど、これから詳細を話すから『大変だったね』だけ言ってもらっていい？（笑）」と事前に彼にかけてほしい言葉を伝えたり、

「励ましの言葉が欲しいです♡」など、可愛く茶目っ気たっぷりに伝えたりすれば、あなたが言ってほしい言葉に近いものを彼はくれるはずです。

さらに、「ありがとう！　○○君はいつも味方でいてくれるから嬉しい♡」などと伝えると、彼も鬱陶しく感じずに、さらに励ましの言葉や愛の言葉をかけてくれるはずです。

ただし、大事なポイントが1つあります。

自分集中タイムで消化しきれなかったものを彼にシェアするのは、ポジティブかネガティブのどちらかでいえば、ネガティブなほうに入ります。いつもそのような状態だと、相手はあなたの過度な依存を感じて腰が引けてきてしまいます。

ですので、**彼との話題は基本的にはポジティブ8割、ネガティブ2割の割合をキープする**ことを意識してください。

8割が笑顔の時間であれば、たまにネガティブな内容が混ざっても相手はそんなに気になりません。それどころか、2割のネガティブなできごとを一緒に乗り越えてくれて、さらに愛が深まる可能性もあります。この割合が逆転すると、二人の関係はうまくいきにくいです。

不安や寂しさを解消するために彼に連絡したり相手にしてもらったりするのは、相手のエネルギーを奪い、相手の言動をコントロールする行為です。

そのような関係は幸せなものにはなりにくいです。

「不安」「寂しい」「不満」などのネガティブな気持ちをベースに行動するのはやめておきましょう。**それよりも「彼と楽しい時間を共有したいから」「彼と一緒に笑い合いたいから」といったハッピーなものを行動のきっかけにすれば、二人の関係はうまくいきます。**

○…寂しさや不安は「本音ワーク」にぶつけ、彼にはハッピーな動機で連絡する

×…すぐに彼に連絡して話を聞いてもらう

LESSON 9

「ブスって言われた……」

ひどい言葉ばかり浴びせてくる男性とは離れることも大切である一方で、何気なく彼に言われた一言が胸に突き刺さることがありますよね。

「ブス」「バカ」「ダサい」「くそ」など、彼に言われたら傷つきそうな言葉はいろいろありそうです。

LESSON7で、彼が悪気なくそのようなことを言ってくるのは、あなたの気を引きたかったりあなたの反応を試したりしているのだと話しました。

そうだとわかっていても、傷つくものは傷つく、という人もいるでしょう。「傷つくな」と言われても、それは無理な相談かもしれません。

実は、**ひどいことを言われても傷つかなくなる方法**があります。

ちょっと難易度が高めな内容なので、マスターするには少し時間がかかるかもしれません。でも、この本をここまで読んでくださったかたは、たくさんのことを学んで吸収してくださっているはずなので、お伝えしておきます。

いつか、「全然気にならなくなった！」というところまでいけたら、あなたは最強。どんな恋も思いのままでしょう。

まず、大前提として、彼にひどいことを言われたときに「なぜ傷つくのか」の仕組みを理解することが大切です。

端的にいうと、**「ブス」と言われて傷つくのは、実は、あなた自身が自分のことを「ブス」だと思っているから**です。そして、**「ブス」が、「よくないこと、悪いこと、ダメなこと」だと思っているから**です。

これは70ページでお伝えした、思考の投影です。

「自分だったらこう思う」を、他人の言動にもそっくりそのままあてはめてしまうのが思考の投影でしたね。

「でも、『ブス』っていうのは明らかに人を傷つける言葉だから、被害妄想とは違うのでは？」と思った人もいるかもしれません。

もちろん「ブス」は、一般的には傷つく人の多い言葉です。

しかし、言われた本人が「ブス」という言葉になんの思い込みもなければ、何も気になりません。

わかりやすくいうと、「ブス」という言葉の意味を知らなかったら、言われても何も感じないのと一緒です。

つまり、**あなたが言われて傷つく言葉は、その言葉にあなた自身がなんらかのネガティブな意味をくっつけているから**なのです。

ちなみに私は、目と目が離れている、いわゆる「離れ目」で、彼に「お魚みたい」と言われることがあります。過去の私は「魚みたいなんて、ひどい……！」と傷つきまくっていました。

でも、自分集中タイムを通じて、「私の顔って、こうだよね。目と目の間が離れているけど、これが私だよね」と自分を丸ごと受容できてからは、彼に「お魚さん」と呼ばれても、「はーい、お魚でーす！」と返事ができるくらい、いちいち傷つかなくなりました。

彼はお魚みたいな目の私のことを愛しているのですから、私にとって「魚みたい＝傷つくこと」ではないのです。

そのような**外見も含めて、愛おしい自分**なのです。

言われるたびに傷つく言葉があったら、その言葉にどんなネガティブな意味をくっつけているかを考えてみるといいかもしれません。

それを**ポジティブあるいはフラットなものに上書きできたとき、あなたがその言葉で傷つくことはなくなります。**

ちなみに、別に傷つきはしないものの、感情に任せて暴言をぶつけてくる彼の対処に困ったら、私なら「おっ、さき選手、ひどいことを言われて怒り狂っております。

怒りのゴングが鳴っています。〇〇（彼の名前）選手、大丈夫でしょうか⁉」と実況中継風にしてみたり「ひどいよね～？　ほら、メイちゃんもひどいって言ってるよ～？」などとぬいぐるみにしゃべらせたりと、笑える方向に持っていきながら彼の言動をいなします。

すると、彼も笑って「ごめん、ごめん」と言ってくることがほとんどです。

笑いは最強のコミュニケーションツールです。ぜひ、お試しください！

〇…なぜその言葉に傷ついたのか、自分で考えてみる
×…いちいち傷ついて自信をなくす

LESSON 10

「彼の態度が煮え切らない」

彼とよいコミュニケーションがとれるようになってきて、なんだかとってもいい感じ。なのに、どうにも彼の態度が煮え切らない……。

そんな状態になることがあるかもしれません。

あなたが少しずつ変わっていくのにつれて彼との関係が改善されてきたのに、「付き合う」「結婚する」などの次のステップになかなか進めないと、もどかしい気持ちになっちゃいますよね。

こんなとき、「もう、いいかげんにしてよ！」「早く彼女と別れてよ！」「私のことは遊びのつもり？」「どうせ私と結婚する気なんてないんでしょ」なんて言ってしまったら台無し、ということはみなさんもすでにおわかりでしょう。

では、彼の態度が煮え切らないとき、いったいどうすればよいのでしょうか。

「えーと、ここまでの流れで言うと、また自分集中タイム？」

と思ったかた、はい、大正解です！

これまでと同様、**自分に集中していただければ万事オッケー**です。

「いや、でも、このままにしておいたらずっとこのままなんじゃ……？」と思うかたもいるでしょう。

気持ちはよーくわかります。というのも、私も、彼に振られて復縁活動中だったとき、嫌というほどその気持ちを味わったからです。

当時、彼には新しい彼女がいました。結婚も考えていると聞いていたので私は気が気ではありませんでした。でも、私が自分に意識を向けるようになったら彼の態度が少しずつ軟化していったことはすでに話しましたね。

実は、そこからとんとん拍子で新しい彼女と別れて私のほうに戻ってきたわけではありません。

PROLOGUEで「私の誕生日を彼の自宅で祝ってくれ、『もう1回付き合いたいと思っているから、ちょっと待っていて』と言われたのです。1カ月後、彼は彼女に別れを告げ、私のところに戻ってきました。『結婚を前提に付き合ってください』の言葉とともに。」と書きましたが、実はこれ、たくさん端折っています（笑）。

端折った部分をここでお話ししておきますね。

彼の家で私のお誕生日を祝ってもらったとき、お泊まりをすることになりました。でも、私と彼は付き合っていませんし、彼には彼女もいるわけです。だから「私は浮気相手にはなりたくない」と、体の関係を持つことを断固拒否しました。

すると、彼が「わかってる。俺はまた付き合いたいと思っているけど、まずは今の彼女とちゃんと別れないといけない。だから待っていて」と言ったのです。

私は「それって、いつ⁉」という言葉が喉から出そうになるのを飲み込んで、「わかった。でも、いつまでも待ち続けることはできないからね」とだけ伝えたのです。

実は、それから1カ月間、急に彼は音信不通になりました。「待っていて」と言われてからの1カ月の音信不通ですよ？　「なんで？」と思いましたし、「やっぱりダメなのかな」と不安な気持ちを覚えないわけでもありませんでした。でも、私はこれまでと同じことを繰り返したくありませんでした。

これで**また何百回も電話をしたり長文LINEを送ったりブチ切れたりとメンヘラを炸裂させたら、彼は絶対に戻ってこない**と思ったのです。

「これは最後の試練だ」と考え、「彼は戻ってくる」と信じてひたすら待ちました。というか、「戻ってきた彼と結婚する」未来を望んでいたので、ブログを立ち上げて「彼と復縁したカウンセラーの小林さきです♡」と、彼の苗字を勝手に名乗って発信活動を始めました（当時の状況を考えると痛い子ですが、現実になったのでよしとしてください）。

1カ月後、彼から「会おう」と連絡がきて、無事に復縁に至りました。

ちなみに、なぜ1カ月の間音信不通だったかといえば、新しい彼女に別れ話をしたら彼女もメンヘラだったらしく揉めてしまったそうなのです。

さらに、ちょうど彼の仕事も忙しく、いっぱいいっぱいになってしまっていたそう。ちゃんと別れてから連絡しようと思っていたら1カ月経ってしまったということでした。

このような私の実体験からも、**彼が迷っているときに無理やりこちらを向かせようとしたり説得したりするのは悪手**だと断言できます。

それよりも、**伝えるべきことはきちんと伝えつつ、彼の判断を信じて待つ**ほうが成功確率はぐっと高まります。それは生徒さんを見ていても感じます。

彼が迷ったり渋ったりしているときに「○○したほうがいいよ」「△△するべきだよ」

などと説得すると、彼はあれこれと反対意見を述べてきて綱引き状態になります。あなたが「進むべき理由」を言えば言うほど、彼は「進まないほうがいい理由」を挙げてくるでしょう。

このようなときの判断は、いったん彼に委ねてしまいましょう。

あなたは、あなたに集中するのです。あなたが自分の世界を楽しく生きていれば、彼はその軽やかで愉快な空気に導かれるように、あなたのもとにやってきます。

「これで私の魅力に気づかなかったら、彼はホントに見る目がなくてやばい奴だわ」と思って、放っておけばいいのです。私はそう思って、1カ月の音信不通期間を過ごしていました。

あなたがあなたの魅力を信じていれば、彼は必ずあなたの魅力に気づきます。それが、縁のある相手ということです。

とにかくにも「自分に集中」が大切で、「そう思ったら、そう！」です。
焦らなくて大丈夫。あなたが自分自身を信じていれば、そんなあなたが信じる彼の判断も、信じて大丈夫です。

○…判断は彼に委ねて「自分に集中」する
×…彼を説得しようとする

おわりに

最後まで読んでくださり、ありがとうございます。

「自分を変えたい」との思いで読み始めてくださったかたが多いのではないかと思います。

しかし、「変わる」とは「別人になる」ことではありません。

「髪を切ったら急にモテるようになった」という人は、別人になったからモテるようになったわけではなく、髪を切って「素敵な私、うれしい♡」という、内からにじみ出るようなポジティブなオーラが望む現実を引き寄せているのです。

つまり、あなたは「生まれ変わる」必要なんてないし、「あなたのまま」で幸せになれるのです。

最後まで読んでくださったあなたなら、彼の大切な人になって一生両想いでいるために大切なことは何か、もうおわかりでしょう。

私のところへご相談にいらっしゃる人は、別れてしまった彼との復縁を目指している人も多いです。

「どうやって復縁すればいいのですか」と具体的な方法や手順を聞かれることもよくありますが、そんなことは知らなくて大丈夫。だって、あなたと彼がどう出会ってどんな恋を紡いできたかのストーリーは、あなたと彼だけのもの。そんな二人がどう復縁するかも、あなたと彼だけのオリジナルでいいのです。

とはいえ、そんな復縁希望者だったかたも、本書でお話ししたようなことを実践すると、「復縁はもういいや」と、その恋を手放す人も少なくありません。

それどころか、すぐに別の人と新しい恋が始まり、前の彼とは比べものにならないくらい大事にしてもらっている人ばかりです。「別れる」「離婚」は悪ではないのです。

この本で私があなたに伝えたかったことは、自分で自分を正解にする力をつけることの大切さです。

自分で自分を正解にできるようになると、「人にどうにかしてもらうよりも、自分で自分と向き合うほうが楽だし、簡単だし、楽しい」と気づきます。

そうするとあなたの依存心は限りなく小さくなって、誰かに肯定してもらわなくてもきちんと自分の足で立つことができます。精神的に自立できるのです。


そのようなあなたからは内側から輝くようなポジティブな魅力がにじみ出ます。

その魅力に引き寄せられた彼と付き合うかどうかを選ぶのは、あなたです。

これまで他人に握られていた主導権を、今度はあなたが握るのです。

あなたがどんな恋をするかはあなたが決めていいし、どんな人生を送りたいかもあなたが決めていいのです。


「素敵な彼と出会いたい」「大好きな彼と復縁したい」「１００本のバラと共にプロポーズされたい」「月収１００万円の仕事に就きたい」「年商一億円になりたい」など、なんでも願っちゃいましょう。だって、人生は思った通りになるのですから。

この本では、私の重度メンヘラ時代の話もあけっぴろげにお伝えしてきました。ひどすぎて呆れた人もいるかもしれませんし、「私と同じくらいひどいな」と共感してくれた人もいるかもしれません。

いずれにせよ、私は「メンヘラだって幸せになれるよ」と声を大にしてこれからも伝え続けます。

とんだメンヘラだった私ですが、メンヘラの名残を抱きしめたまま大好きな彼と復縁して、結婚して、彼に毎日愛されて、幸せな人生を送っていることがみなさんの勇気と希望になればうれしいです。みなさん、どんどん私に続いてくださいね！

あなたがあなたを愛するから、彼もあなたを愛するのです。あなたがあなたを愛するから、世界はあなたに愛を注ぐのです。

それが実感できているあなたなら、どんな恋をするかは思いのまま。今のあなたのまま、ありたい自分でいましょう。

泣いてもいいし、病んだっていい。「そのままのあなた」で愛されて、一生幸せになりましょう！

［著者］
小林　さき
復縁・結婚など、理想のパートナーシップを目指す女性限定コミュニティ「“Happiest Me” Laboratory」を主宰。顧客満足度は96.2%、継続率は95.5%。これまで届いたハッピー報告は1000件以上。
元カレに追いLINE100回、鬼電200回をした超メンヘラ女子だったが、復縁を叶えて結婚。
「私のように繊細で落ち込みやすい女性が幸せに生きる方法を伝えたい」と活動中。

Instagram：@sakinococoro

泣《な》いても病《や》んでも、絶対《ぜったい》幸《しあわ》せになれる！ 彼《かれ》の大切《たいせつ》な人《ひと》になって一生両想《いっしょうりょうおも》い

2024年4月1日　初版発行

著者　小林《こばやし》　さき
発行者 山下　直久
発行　株式会社KADOKAWA
〒102-8177　東京都千代田区富士見2-13-3
電話0570-002-301（ナビダイヤル）

印刷所 TOPPAN株式会社
製本所 TOPPAN株式会社

●お問い合わせ
https://www.kadokawa.co.jp/（「お問い合わせ」へお進みください）
※内容によっては、お答えできない場合があります。
※サポートは日本国内のみとさせていただきます。
※Japanese text only

定価はカバーに表示してあります。

ISBN 978-4-04-606855-2　C0077